Business Management Strategy

기업의 생존과 발전을 위한 전략적 사고와 행동

기업경영전략

이학희

(주)백산출판사

머리말

무한경쟁 속에서 성공적인 기업경영을 위해 경영전략은 한층 더 중요해지고 있다. 특히, 오늘날처럼 급변하는 환경과 한 치 앞을 내다보기 어려운 상황에서 기업이 불확실한 미래에 대처하기 위한 바람직한 목표와 비전을 수립하고, 이를 실현시키기 위한 구상이자 실천방법인 경영전략은 필수불가결한 요소로 부각된다. 경영전략은 기업이 처한 내외부의 환경을 정확히 분석하게 하고, 이를 기반으로 경쟁우위를 갖기 위해 필요한 전략적 사고와 행동을 모색하게 해준다. 전략적 사고와 행동이 중요한 이유는 경영전략이 더 이상 최고경영자나 특정 부서의 전유물이 아니라, 모든 조직의 구성원이 경영전략을 이해하고 적절하게 활용함으로써 격변하는 환경에 유연하게 대응하는 동시에 경쟁력을 높일 수 있기 때문이다. 본서는 이러한 시대적 상황과 경영전략의 중요성을 고려하여, 급변하는 환경에 효과적으로 적응하고 경쟁우위를 획득하기 위한 전략적 방법과 관련 이론을 체계적으로 전달하기 위해 집필하였다. 특히, 대학에서 학부생들이 경영전략을 학습하는 데 필요한 입문서로서뿐만 아니라, 현장에서 이론적인 개념과 원리를 기반으로 전략적 실행역량을 강화하는 데 초점을 두었다.

본서는 경영전략에 대한 이론과 연구결과를 참고하여 총 6장으로 구성하였다. 1장은 경영전략의 배경이 되는 기업과 기업경영에 대해, 2장은 경영전략 관련 기초개념을 기반으로 경영전략의 내용과 특성, 전개과정, 종류, 발전과정 등에 대해 기술하였다. 3장은 기업의 환경분석과 관련하여 외부환경에 대한 산업환경과 전략군 분석, 내부환경에 대한 기업의 가치활동

분석과 함께 자원과 능력 분석, 그리고 환경분석의 종합적 방법인 SWOT 분석과 포트폴리오 분석에 대해 설명하였다. 4장에서는 기업의 바람직한 비전과 목적에 대해 알아보고, 5장은 사업수준의 전략으로서 아벨의 사업 개념 중심의 경쟁전략과 포터의 본원적 경쟁전략, 그리고 산업수명주기 기반의 투자전략에 대해 기술하였다. 끝으로 6장에서는 전사적 수준에서 추진할 수 있는 집중화 전략, 통합화 전략, 해외진출 전략, 다각화 전략, 그리고 사업축소 전략에 대해 설명하였다.

본서를 집필하기 위해 경영전략에 대한 국내외 선행 연구자들의 저서와 연구결과를 참고하고 인용하였다. 대학교재의 특성상 일일이 허가를 받지 못했지만 지면을 빌려 양해를 구하고 감사드린다. 그리고 본서를 출판할 수 있도록 적극적인 도움을 주신 백산출판사 진욱상 사장님과 진성원 상무님 그리고 편집진에게도 감사의 마음을 전한다. 끝으로 집필하는 동안 주말을 함께하지 못한 가족에게도 미안한 마음과 함께 넓은 이해와 사랑에 대해 감사의 말을 전하고 싶다.

2020년 1월

해운대 장산기슭 연구실에서

저자

차례

PART 01 경영전략 관련 기초지식

PART 1

경영전략 관련 기초지식

Ⅰ 기업과 기업경영

Ⅱ 전략과 경영전략

기업의 생존과 발전을 위한
전략적 사고와 행동

기업경영전략

I

기업과 기업경영

1. 기업
2. 기업경영

1. 기업

1.1 기업의 개념과 정의

기업은 하나의 시스템으로 정의할 수 있다. 여기서 시스템이란 상호 간에 연결되어 있고 서로 의존적인 요소들이나 부분들로 구성된 조직체를 의미한다. 이러한 시스템은 인적 · 물적 요소로 구성된 복합시스템인 동시에 경제적 · 사회적인 목적을 지닌 목적시스템이다. 뿐만 아니라 조직구성원들의 사고와 행동을 목적지향적인 방향으로 이루어지게 하는 협동시스템이기도 하며, 특히 조직의 지속적인 존속과 유효성을 높이기 위해서 환경과 끊임없이 상호작용하는 개방시스템이다.

- **기업과 시장의 관계**: 기업은 시장에 정보를 제공하고 물질적 또는 비물질적인 형태로서의 상품을 생산하고 판매한다. 또한 그에 대한 대가로서 이윤을 추구하며 시장으로부터 필요한 정보를 수집한다.

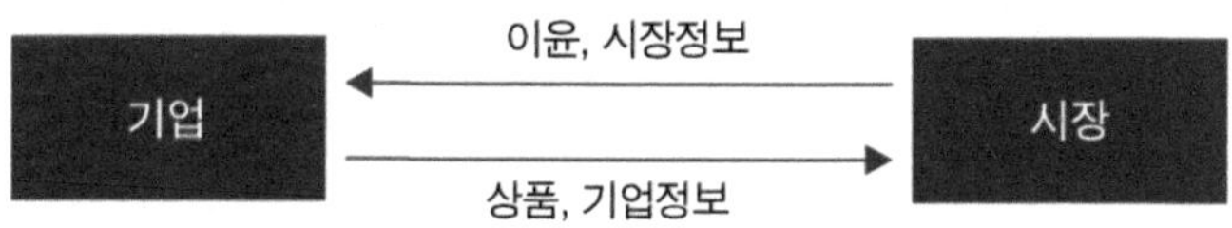

그림 1-1 기업과 시장 간 교환관계

기업은 내외부의 환경(변화)에 적절히 대처해야 한다. 특히 기업과 외부 환경은 앞서 언급한 쌍방적인 관계, 즉 '주고받음'의 관계에서 벗어나 기업 혼자서는 존재할 수 없다는 인식과 함께, 기업의 존속과 유효성을 높이기 위한 전제조건으로 내부환경에 적절히 대응하지 않으면 안 된다.

- **기업의 경영과 전략**: 기업은 물적 · 인적 자원을 이용하여 추구하고자 하는 목적을 달성하려고 노력하며, 그러한 목적은 여러 가지 차원에서 설정될 수 있다(1.3 기업의 목적과 발전과정 참조). 그리고 설정한 목적을 달성하기 위해서 최선의 수단과 방법을 강구해야 하며, 이것은 경영자가 수행해야 할 중요한 사안이다(제2장 기업경영 참조).

[복합시스템]

기업은 다수의 사람과 자본, 시설 등의 물적 자원으로 구성된 복합체이다. 이것은 전체적인 목적을 달성하기 위해서 필요한 각 요소 또는 각 부분이 유기적으로 연관되어 있는 의식적이고 인위적인 구성체이다. 보다 구체적으로 말하자면 자본 · 인력 · 기계와 설비 등 생산의 제 요소를 결합하여 제품이나 서비스를 생산 · 공급함으로써 영리를 추구하기 위한 인적 · 물적 조직체인 동시에, 기술적 · 사회적인 요소를 함께 포함하고 있는 복합적인 구성체이다. 여기서 기술적 요소란 생산 · 제조공정과 결부된 공학적인 기술뿐만 아니라 경영원리나 기법 등 관리적인 기술을 의미한다. 사회적 요소 역시 기업에 참여하는 구성원의 개인적 차원을 넘어선 인간관계, 의사소통, 사회적 동기와 욕구 등 보다 다양한 내용을 포함하고 있다. 따라서 기업을 운영하고 경영하는 데 있어 단편적인 사고와 행동에서 벗어나 보다 전반적인 시각에서 문제를 파악하고, 이에 대한 해결방안도 가능한 복합적으로 강구하는 것이 필요하다.

[목적시스템]

기업은 생활에 필요한 재화나 서비스를 생산 · 공급하는 동시에, 그에 따른 성과와 이윤을 구성원들에게 배분함으로써 인간의 경제적인 욕구를 만족시키는 목적시스템이다. 즉 기업은 경제적인 목적을 달성하기 위해서 외부환경으로부터 생산에 필요한 자원과 에너지, 정보 등을 받아들이고, 이들 투입된 요소를 내부의 생산과 관리과정을 통해서 제품 및 서비스로 변환하고 완성된 제품으로 산출하는 '투입-산출시스템'을 기반으로 하고 있다.

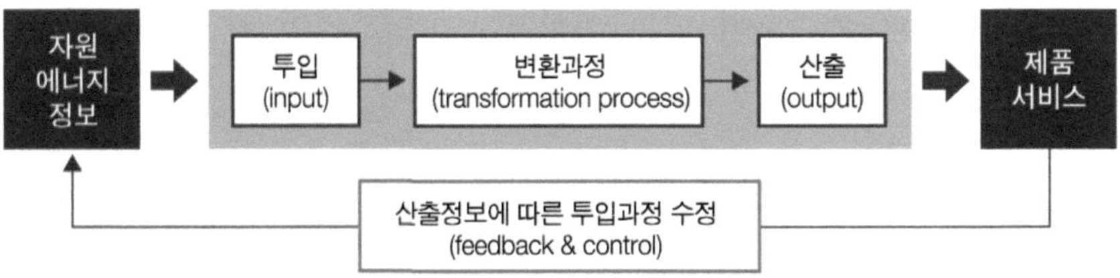

그림 1-2 투입–산출시스템

그리고 '투입-산출시스템'을 통해서 생산된 제품과 서비스를 판매조직을 통해 시장이란 외부환경에 제공한다. 이러한 외부환경과의 거래과정을 통해서 현금(이윤)을 획득하고 구성원들에게 배분한다. 동시에 원재료나 노동력이란 투입요소를 구입하는 데 재투입함으로써 투입-산출의 변환과정을 계속적으로 반복한다. 따라서 이러한 '투입-산출시스템' 관점에서 볼 때, 기업의 핵심은 자원의 투입과 산출과정이 효율적이고 효과적으로 진행되도록 제반의 여건을 조성하고 관리하는 전략적인 사고와 활동에 있다고 할 수 있다.

한편 기업은 인간이 필요로 하는 재화나 서비스를 생산 · 공급하는 경제적 목적시스템인 동시에, 인간생활에 필요한 하나의 중요한 단위로서 다양한 심리적 · 사회적인 욕구를 충족시키는 사회적 목적시스템이기도 하다. 나아가 주주, 고객, 노동단체, 금융기관, 정부, 지역사회 등 기업외부의 이해관계자들과 복잡한 관계를 형성하고 있기 때문에, 그들의 욕구 역시 함께 충족시켜야 하는 사회적인 성격을 지니고 있다.

따라서 기업 및 기업경영의 핵심적인 기능도 기업이 추구하는 경제적인 목적을 달성하는 것 외에, 구성원 및 이해관계자들의 다양한 사회적 욕구를 충족시키는 데 있어야 한다. 이를 위해서는 경영의 구체적인 수단과 방법도 보다 다양한 차원에서 강구되어야 한다. 또한 기업의 경영성과 극대화를 위해서도 관련자들과의 복잡한 관계를 고려한 합리적인 방안을 모색하는 것이 필요하다.

[협동시스템]

기업은 공동의 목적을 실현하기 위해서 다양한 특성과 욕구를 지닌 사람들로 구성된 인적인 조직체이다. 따라서 추구하는 목적을 보다 효과적이고 효율적으로 달성하기 위해서는 분업과 권한의 계층구조로 이루어진 상호작용의 협동시스템이 불가피하다. 이것은 공동의 목적을 달성하기 위해서 일과 책임이 체계적으로 배분되고 질서 있게 연결되며, 또한 그에 따라 관리자와 실무자가 정해지고, 이들 간의 권한과 약속으로 연결된 협동적인 조직체계가 필요하다는 것을 의미한다.

여기서 조직체계란 하나의 부분이 다른 부분과 상호의존적으로 관련되어 있기 때문에 하나의 시스템 전체로 다루어져야 한다. 뿐만 아니라 협동적인 조직체계를 위해서는 다양성으로 인해서 발생할 수 있는 구성원들 간의 갈등과 이해관계를 협조적으로 조정하고, 그들의 사고와 행동을 목적지향적으로 도모하고 통합하는 리더십, 동기부여, 의사소통 등 다양한 방안이 필요하다. 따라서 기업 및 기업경영의 주안점도 이러한 방안을 마련하는 데 있어야 한다. 특히 경영자는 협동적인 조직체계의 구축과 운영여부에 따라 경영성과가 좌우된다는 점을 유념할 필요가 있다.

[개방시스템]

기업은 외부환경과의 교류 및 상호작용을 통해서 생명을 유지해 가는 생태학적인 유기체인 동시에, 자기유지적인 성격을 지닌 개방시스템이다. 이러한 개방된 시스템으로서의 기업은 환경으로부터 얻어진 정보와 자원을 투입하고 변환하는 과정을 통해 제품을 시장에 공급함으로써 환경에 적응하며 스스로의 생명을 유지해 간다. 이것은 기업이 정부 · 고객 · 경쟁업체 등을 비롯한 각종 조직들로 구성된 거대한 사회시스템 속의 하나의 부분적인 시스템으로서, 다른 외부집단들과 지속적으로 상호작용을 해야 하는 소위 '열린 조직'이 되어야 한다는 것을 뜻한다.

이러한 개방적인 시스템으로서의 '환경적응 메커니즘'은 생태균형의 개념으로도 설명된다. 여기서 생태균형이란 외부환경의 영향으로 인해 시스템의 내부에 불균형이 발생하면, 시스템 내부에서 자율조절의 기능이 작동하여 원래의 균형상태로 회복하게 된다는 것을 의미한다. 즉 개방시스템은 환경변화에 대해 시스템을 안정상태로 유지하고자 하는 자체적인 조절기능을 가짐으로써, 그 생명을 유지한다는 것이다. 그러므로 경영자는 기업경영의 관점에서 정확한 환경분석과 그에 따른 적절한 적응 및 대응방안을 지속적으로 모색하는 것이 기업의 생존과 발전을 위해서 결정적으로 중요하다는 점을 인식할 필요가 있다.

1.2 기업의 의의와 특성

기업이 우리에게 어떠한 역할을 수행하고 의미를 제공하는지를 생각해 볼 때, 무엇보다도 인간의 삶을 영위하는 데 기초가 되는 의식주와 관련된 다양한 상품을 생산 · 공급하는 경제적인 기능을 수행한다고 볼 수 있다. 뿐만 아니라 기업은 인간에게 소득의 원천인 동시에 삶의 터전으로서 중요한 가치와 의미를 제공하며, 지역사회는 물론 정치, 경제, 문화 등 사회 전반적인 분야에 직간접적인 영향을 미친다. 그 밖에도 사람들의 가치관, 욕구, 사고방식 등에 적지 않은 영향을 미치며, 심지어 그들의 사고와 행동양식까지 규정하기도 한다. 이처럼 기업의 영향력과 존재의 의미는 현대자본주의 경제체제에 있어 대단하다. 한마디로 말해서 기업 없는 현대인의 삶은 생각할 수 없다. 나아가 기업 없이는 현대인의 삶이 제대로 영위될 수 없을 뿐만 아니라, 기업은 국민경제 및 국가발전의 핵심적인 주체이자 결정적인 역할을 수행한다고 볼 수 있다.

이와 같이 다양하고 중요한 영향력을 행사하는 기업이 지닌 본질적인 특성은 무엇인가? 기업의 특성은 관점에 따라 여러 가지 측면에서 파악될 수 있다. 먼저 기업은 이윤을 추구하기 위해서 운영되는 생산경제로서의 주체적인 특징을 지니고 있다는 점을 부인할 수 없다. 또한 기업은 경제적 · 기술적 · 사회적 · 환경적 측면에서 고유한 특성을 지니고 있다. 이러한 특성들에 대한 정확한 이해는 기업경영 및 경영전략의 방안을 마련하고, 이를 기반으로 기업성과를 제고하기 위해서 매우 중요하다. 이에 대한 구체적인 내용을 살펴보면 다음과 같다.

[생산경제의 주체]

기업은 국민경제를 구성하는 개별적인 경제단위이다. 여기서 국민경제는 국가가 주체하는 재정, 개인의 가계, 그리고 각종 사업체인 기업으로 구성되어 있다. 이 중 재정이나 가계는 일반적으로 소비경제를 목적으로 하는 데 반해서, 기업은 생산을 목적으로 하는 생산경제라는 점을 주목할 필요가 있다. 또한 기업은 자본과 시설 등의 물적 자원과 노동력이라는 인적 자원을 도입한 생산경제의 주체로서뿐만 아니라, 인간의 욕구를 실현시킬 수 있는 제품과 서비스를 창출하는 경제단위이다.

즉 기업은 자본 · 노동력 · 기계설비 등 생산에 필요한 제반요소를 투입하고 변환하는 과정을 거쳐서 수요자에게 효용과 편익을 제공할 수 있는 제품과 서비스를 공급함으로써 국민경제적인 가치생산에 기여하는 특성을 지니고 있다. 이러한 기업의 생산적인 특성은 경제적 · 기술적 특성 등과도 밀접한 관계가 있다. 왜냐하면 이들 특성을 기반으로 생산이 이루어지지 않고서는 기업의 경쟁력이나 이윤을 확보할 수 없기 때문이다.

[이윤추구의 조직]

기업의 근본적인 존재의 이유 및 배경은 무엇보다도 이윤(영리)을 추구하는 것이다. 여기서 이윤추구란 수익성을 추구하는 개념으로 기업과 관련된 이해집단들이 수용할 수 있는 범위 내에서 행해지는, 다시 말해서 기업의 사회적 책임을 고려한 적정수익과 유사한 개념으로 이해할 필요가 있다. 그리고 이러한 기업의 생산활동의 결과이자 성과인 수익은 재정수입의 원천으로, 국민소득의 원천으로, 또는 기업에 재투자됨으로써 국민경제의 자금순환을 충족하고 국민경제를 발전하게 하는 원동력이 된다.

이처럼 기업은 근로자의 소득(국민소득)의 원천이자 생활 및 기본적인 욕구를 충족하기 위한 터전이며 공급처이다. 왜냐하면 기업이 수요자가 요구하는 재화를 생산하는 것, 그 자체가 기업에 참가한 사람들의 소득을 형성하고 분배하기 위한 것이며, 이것은 기업 내외부에 존재하는 인간의 욕구를 충족시켜 주는 원천이기 때문이다. 이러한 관점에서 볼 때, 기업은 이윤을 추구하는 조직체인 동시에 인간의 삶을 윤택하게 만드는 터전이라고 말할 수 있다.

[경제적 사고와 활동]

기업은 제한된 인적 · 물적 자원으로 인해서 생산과 판매활동을 비롯한 각종 경영활동을 수행함에 있어, 최소의 비용과 희생으로 최대의 성과를 달성하고자 하는 경제적인 사고를 기반으로 행동해야 한다. 여기서 말하는 경제적인 사고란 목적의 달성도를 나타내는 효과성(effectiveness)과 비용절감을 고려한 효율성(efficiency)에 대한 경영마인드(business mind)를 의미한다. 다시 말해서 효과성은 기업이 미리 설정해 놓은 '목표를 어느 정도 달성하였느냐' 하는 것으로서 유효성과도 같은 뜻이며, 이에 대해 효율성은 '투입에 대한 산출'의 비율과 같은 것으로서 자원의 활용 정도와 관련이 있다. 이러한 경제적인 사고와 활동의 배경에는 기업이 목적지향적이며, 동시에 경영자원이 제한적인 성격을 띠고 있기 때문이다.

[기술적 요소의 영향]

기업이 시장에서 지속적으로 존재하고 발전하기 위해서는 경쟁력을 확보하고 유지해야 한다. 기업의 경쟁력은 다양한 경영활동을 통해서 확보할 수 있으며, 특히 기술적인 요소에 의해서 영향을 받는다. 여기서 기술이란 단순히 제품생산에 필요한 순수기술(technology)뿐만 아니라 보다 광범위한 차원에서의 환경분석, 리더십, 동기부여, 의사소통 등 경영기술(technic)을 의미한다. 그 밖에도 기업의 경영활동 및 성과는 이러한 경영기술에 의해서 결정된다. 특히 급변하는 환경에 기업이 적절히 대처하지 못한다면 기업의 존립 자체가 위협을 받기 때문에, 생산에서 판매에 이르기까지 기업경영 전 분야에 걸친 고도의 기술수준을 유지하고 발전시키는 것은 기업의 생존 및 경쟁력 제고를 위한 불가피한 사안이라고 말할 수 있다.

[인간의 집합체]

기업의 구성요소로서 시설과 자금, 기술, 과업 등 물적인 자원 외에도 인적 자원이 중요한 의미가 있다. 기업은 무엇보다 인간에 의해 구성된 사회적 유기체로서 인간이라는 구성원들의 관계를 내포하고 있고 서로 간에 원만한 이해와 협조가 이루어질 때, 비로소 경영성과의 제고를 기대할 수 있다. 또한 기업에 종사하는 사람들은 단순히 노동력의 제공자로서 경제적인 욕구뿐만 아니라 사회적 · 심리적인 욕구를 함께 지닌 사회인이라는 점을 유념할 필요가 있다. 즉 인간은 기업을 통해서 생활에 필요한 소득을 얻는 데 그치는 것이 아니라 지위나 권력, 존경, 자아실현 등 개인적인 욕구충족과 함께 다양한 경험 및 학습을 통한 자기개발과 성장을 추구한다.

그 밖에도 타인과의 협력과정을 통해서 단결이나 신뢰, 친교 등과 같은 인간적인 욕구를 충족한다고 볼 수 있다. 따라서 경영자는 기업을 구성하는 인적 자원을 단순히 노동력이라는 자원(생산요소)의 집합체로서가 아닌, 사회적 욕구를 지닌 인간으로 구성된 조직체로 인식하고 행동할 필요가 있다. 특히 이러한 점은 리더십의 효과성 제고를 위해서도 매우 중요한 사안이다.

[환경과 영향관계]

급변하는 환경변화는 경영의 성패를 좌우하는 중요한 문제이다. 심지어 환경변화에 확실히 대처하지 못하면 기업은 결코 살아남지 못한다. 따라서 기업의 생존과 발전을 위해서는 환경변화에 끊임없이 적응하고 대응하는 것이 필수적이다. 여기서 적응이란 환경변화에 단순히 순응하는 것이 아니라, 변화하는 외부환경에 따라 발생하는 기회와 위협의 요소를 기업 내부의 경영자원을 이용해 적절히 대처하고 극복하는 것을 의미한다. 이에 반해 대응은 보다 적극적인 의미에서 기업이 주체성을 가지고 환경변화에 도전함으로써 환경을 창조적으로 지배한다는 뜻을 포함하고 있다. 물론 이것은 주로 시장을 지배하는 대기업이나 독점기업을 중심으로 적용되고 이루어질 수 있는 사안이다. 다시 말해서 일반적인 기업에서 이것은 변화하는 환경 속에서 추구하는 목적을 성공적으로 실현하기 위해서 보다 능동적이고 적극적으로 대처하고자 하는 사고와 활동으로 이해할 수 있다.

그 밖에도 기업과 환경과의 영향관계에 있어 단순히 기업의 환경변화에 대한 적응 및 대응수준에 머무르는 것이 아니라, 환경변화에 대한 실행결과의 분석 및 피드백의 과정을 거쳐 필요시에는 목표를 수정 · 보완하거나 또는 새로운 목표를 설정함으로써 환경변화 속의 기회를 보다 유리하게 활용하는 지속적인 경영활동이 필요하다.

1.3 기업의 목적과 발전과정

1.3.1 기업목적의 세부내용

조직에서 추구하고자 하는 목적을 설정하고 분명히 하는 것은 조직구성원들의 업무적인 이해와 활동은 물론, 조직의 성과를 평가하는 차원에서 중요하다. 또한 조직에서 목적은 나아가야 할 방향은 물론, 거의 모든 사안과 의사결정과정에서 중요한 역할과 기능을 수행한다고 볼 수 있다. 나아가 조직의 목적에 따라 이를 달성하고자 하는 기술적인 수단과 방법뿐만 아니라, 조직의 효과성과 효율성을 추구하고자 하는 구성원들의 사고와 행동 또한 달라질 수 있다. 기업목적의 경우도 이와 마찬가지다. 다시 말해서 기업의 목적에 따라 이후 진행되는 경영상의 내용과 과정이 대부분 결정된다고 해도 과언이 아니다. 따라서 기업의 경영활동이나 기능 등에 대한 구체적인 내용을 살펴보기 전에, 기업의 목적에 대해서 정확하게 이해하는 것은 매우 필요하고 중요한 사안이다.

일반적으로 기업의 목적은 이윤을 추구하는 데 있다. 그러나 관점에 따라서는 이윤추구가 기업의 목적을 달성한 결과이지, 목적 그 자체가 될 수 없다는 의견도 있을 수 있다. 또한 어떠한 정형화된 기업의 목적이 존재하는 것이 아니라, 기업의 특징이나 여건에 따라 서로 다르게 설정되며, 그에 따른 다양한 모습으로 나타날 수 있다는 주장도 나름 설득력이 있다. 그 밖에도 기업의 목적이 다양한 관점과 가치관을 기반으로 여러 형태로 설정되고, 매우 복잡한 관계 속에서 변화하고 발전되어 온 사실도 부정할 수 없다. 이러한 점들을 고려해 볼 때 '기업의 목적은 무엇이다'라고 단적으로 정의하기 어려운 사안이다. 이러한 다양성과 복잡성에도 불구하고 역사적으로 분명한 것은 기업이 추구하고자 했던 목적의 내용이나 설정하는 방법이 그 당시의 사회적인 환경과 밀접한 관계를 맺고 발전해 왔다는 사실이다.

본서에서는 기업의 목적을 달성하기 위한 수단으로 전략을 다루는 만큼, 전략에 앞서 기업의 목적에 대한 이해를 높이기 위해 관련 학자들의 대표적인 관점 및 주장인 영업목적설, 봉사목적설, 존속목적설, 그리고 고객창조목적설에 대해 살펴보고자 한다.

[영업목적설]

기업의 영업목적설에 따르면, 기업은 영리추구와 자본증식을 위한 제도적 · 주체적 · 조직적인 것이라는 견해이다. 이러한 주장은 가장 일반적인 것으로 기업의 목적은 최대의 이윤을 추구하는 데 있다. 그러나 기업이 영리만을 추구하다 보면, 자칫 눈앞의 이익에 치중한 나머지 중요한 부분을 소홀히 하는 실수를 범할 위험이 있다. 다시 말해서 이와 같은 이익중심의 근시안적인 사고와 행동은 예상치 않은 문제를 야기할 수 있다.

그렇다고 기업의 영리추구를 근본적으로 부정하는 것은 아니다. 기업의 영리추구는 보다 거시적이고 어디까지나 합리적이고 합법적인 범위 내에서 이루어져야 바람직하다. 또한 영리추구를 위한 수단과 방법도 이러한 측면에서 강구되는 것이 필요하다. 영리추구의 결과인 이윤에 대해서도 극대이윤이 아닌, 장래의 위험을 보상하고 사업을 존속하게 하며 생산력을 유지하게 하는 데 필요한 적정수준의 이윤을 추구하는 것이 필요하다. 한 마디로 요약해서 적정이윤 외에는 가능한 고객과 사회에 환원하며, 이윤 그 자체가 목적이 되어서는 안 된다는 뜻이다. 어디까지나 이윤은 목적을 달성한 결과물이자 산물인 동시에, 목적을 달성하기 위한 하나의 수단으로 인식하는 것이 바람직하다. 그렇지 않을 경우, 예를 들어 고가격 · 저임금 등 기업의 영리추구를 위한 극단적인 행동들로 인해서 중 · 장기적으로 시장이 축소되는 것은 물론, 고객으로부터 외면당할 수 있는 위험성이 존재하기 때문이다.

[봉사목적설]

포드(H. Ford)가 주장한 기업의 봉사목적설에 따르면, 기업은 사회를 구성하는 중요한 요소 중 하나이며, 기업의 역할과 책임의 정도가 사회발전에 결정적인 영향을 미친다는 인식하에, 기업은 사회에 봉사하는 기관이 되어야 한다는 것이다. 그러므로 기업목적 또한 봉사가 되어야 한다는 관점이다. 여기서 봉사란 기업이 맡은바 역할과 의무를 다해야 한다는 것을 의미한다. 이것은 구체적으로 고객에 대한 고품질 · 저가격 등 기업외부에 대해서뿐만 아니라, 특히 기업내부 종업원들에 대한 고임금 · 동기부여 등에 대해 최선의 노력을 다해야 한다는 것이다. 이로써 봉사목적설에 따르면 이윤은 기업이 사회적 역할과 책임인 봉사를 충실히 수행한 결과, 즉 봉사에 대한 대가로서의 보상이자 목적달성의 결과로 인식된다고 볼 수 있다. 그리고 봉사의 대상도 제품이나 서비스의 구매자인 고객뿐만 아니라 기업내부의 구성원이라는 점이 강조되고 있다.

그 밖에도 포드는 봉사를 보다 원활하게 추진하기 위해, 다시 말해서 제품을 보다 능률적으로 생산하기 위해서 대량생산체제를 도입할 것을 주장하였다. 그 결과 종업원들이 기대하는 어느 정도의 임금개선과 생산적인 성과는 실현할 수 있었으나, 기계화에 따른 인간소외, 해고 등의 부정적인 영향으로 진정한 봉사주의의 철학이 퇴색되는 현상이 발생하게 되었다. 따라서 목적이 아무리 이상적이라 할지라도 그에 대한 수단과 방법이 합리적이지 않다면, 목적달성의 진정한 의미가 퇴색될 수 있다는 점에 유념할 필요가 있다. 마찬가지로 기업경영에 있어서도 이러한 점은 주의할 필요가 있다.

[존속목적설]

오늘날 대부분의 기업들은 그들의 생존과 발전을 위해 치열한 무한경쟁을 할 수밖에 없다. 더욱이 글로벌화되는 시장환경에서 이러한 경쟁의 강도는 더욱 심하며, 그만큼 기업의 생존에 대한 인식과 중요성이 부각되고 있는 것이 현실이다. 이러한 상황에서 '일단 경쟁에서 살아남는다'라는 존재와 존속의 의미는, 특히 기업의 다양한 사회적인 역할과 기능을 고려해 볼 때, 매우 절실하고 크게 느껴지는 것도 사실이다. 더욱이 기업이 인간으로 구성된 조직이자 사회와 경제를 구성하는 핵심요소이기에 존속의 개념은 더욱 부각된다.

이러한 관점에서 볼 때, 기업 그 자체를 유지하고 존속시키는 것은 기업의 일차적인 목적이라고 말할 수 있다. 이러한 견해가 바로 존속목적설이다. 특히 치열한 경쟁은 물론 경기침체나 시장여건이 좋지 않은 상황에서 지역경제에 적지 않은 영향을 미치는 기업의 경우, 무엇보다 기업의 목적은 이러한 환경을 극복하고 생존하는 데 있다.

이처럼 존속목적설에 대한 주장은 기업이 처한 여건과 상황에 따라 앞서 언급한 이윤목적설이나 봉사목적설에 비해 충분한 설득력과 타당성이 있다. 예를 들어, 대우조선이나 한진해운처럼 사업규모나 고용인원의 규모가 엄청나고, 그에 따른 사회적인 파급효과가 대단히 큰 기업의 경우, 경영위기를 극복하고 정상적인 기업으로서 유지하고 존속하는 것이 곧 기업의 일차적인 목적이 될 수 있다. 그렇다고 존속목적설이 이윤추구나 봉사의 개념을 부정하는 것은 아니다. 다시 말해서 존속목적설의 입장에서 볼 때, 일단 기업의 존속이 이루어져야 이윤추구도 가능하며, 봉사개념 또한 기업이 존속하기 위한 하나의 중요한 수단으로 이해할 필요가 있다는 것이다.

[고객창조목적설]

고객창조목적설을 주장하는 이유와 배경에는 무엇보다 고객에 의해 기업의 운명이 결정된다고 믿기 때문이다. 따라서 기업의 목적도 고객을 창조하는 데 있어야 한다는 것이다. 이러한 주장과 견해는 사업의 토대가 고객이며, 고객만이 기업의 존립을 유지해 주는 동시에 고용을 부여한다고 보기 때문이다. 또한 "판매 없는 기업 없고, 고객 없는 판매 없다" 라는 말처럼 '기업에서 고객은 처음이자 끝이다'라고 할 만큼 매우 중요한 요소로 취급되기 때문이다.

이와 같이 고객이 기업의 생존과 발전을 결정한다고 보기 때문에 기업의 목적은 최대한 많은 고객을 확보하는 데 있다고 말할 수 있다. 물론 이때 고객은 실제로 구매력을 갖춘 고객뿐만 아니라 잠재고객을 의미하며, 확보 및 창조란 의미도 고객의 유치와 함께 유치한 고객을 지속적으로 유지한다는 개념을 포함하고 있다. 따라서 고객창조를 위한, 특히 고객지향적인 마케팅의 사고와 활동이 부각되며, 구체적으로 고객의 구매욕구를 활성화하고 충족하기 위한 효과적인 마케팅 믹스에 대한 차별화된 노력이 무엇보다 중요하다.

이상에서 살펴본 바와 같이 '기업의 목적을 어디에 초점을 두고 설정하는가'에 따라서 기업경영의 활동내용은 물론, 목적달성의 수단이자 방법도 각기 다른 모습과 형태를 보일 것이다. 이러한 측면에서 기업경영 및 경영전략에 대한 기업목적의 의미와 중요성이 한층 부각된다. 마치 옷을 잘 입기 위해서 첫 단추를 잘 끼워야 하는 것과 같은 이치이다. 다시 말해서 기업의 바람직한 목적을 위해서는 기업의 내외부 환경을 정확하게 분석하고,

이에 부합되는 내용으로 목적을 명확히 설정하는 것이 필요하다. 특히 기업목적을 설정함에 있어서 구성원들과의 의사소통 및 공감대를 형성하는 것이 중요하다. 왜냐하면 아무리 목적달성을 위한 타당하고 합리적인 방안이라 할지라도 구성원들이 왜 하는가에 대한 이유와 목적을 정확하게 알지 못한다면, 올바르게 실행할 수 없을 뿐만 아니라 원하는 결과를 도출하기가 사실상 어렵기 때문이다.

1.3.2 기업목적의 설정방법

기업목적의 내용과 함께 기업목적을 설정하는 방법도 다양한 측면에서 접근할 수 있다. 일반적으로 학자들은 조직목적의 설정방법에 대해 조직목적설, 개인목적설, 그리고 복수목적설로 구분하고 있다. 이에 대한 구체적인 내용을 살펴보면 다음과 같다.

[조직목적설]

조직목적의 설정방법과 관련하여 조직목적설이란, 기업이 구성원들 모두에게 적용할 수 있는 어떠한 공동의 목적을 설정하는 것을 의미한다. 이러한 경우 주로 기업가 자신이 목적을 설정하거나 또는 상의하달의 형식으로 목적이 결정된다. 일반적으로 동양적인 사고와 문화에 기인한 방법이라고 할 수 있다. 이것은 개개인의 욕구나 희망을 반영한 목적이라기보다 대부분 조직을 설립한 의의와 명분을 중요시하는 차원에서 결정되는 목적이다. 또한 조직의 목적을 달성하는 것을 우선시하고, 구성원들은 목적을 달성하기 위해 공헌하고 이바지한 결과로 개인의 목적이나 욕구가 충족될 수 있다는 관점이다.

그러나 이 같은 기업 공동의 목적과 함께, 이를 통해서 충족되기 어려운 구성원들의 개인적인 목적도 있다는 사실을 간과해서는 안 된다. 따라서 기업의 성과를 높이고 발전하기 위해서는 조직의 목적뿐만 아니라 개인적인 욕구와 목적도 조직의 목적을 설정하는 데 반영하는 것이 필요하다. 특히 현대사회의 발전은 이러한 욕구와 필요성을 더욱 증가시키고 있다.

[개인목적설]

개인목적설에 의하면 애초부터 조직에는 개인적인 목적은 있어도 조직의 공동목적은 독자적으로 존재하지 않는다는 견해이다. 이는 각자가 개인적인 목적을 달성하기 위해 조직에 참여하고, 서로 상이한 욕구와 목적을 교섭이나 타협과정을 통해 공동의 목적을 형성한다는 것을 의미한다. 예를 들어, 노사관계의 협의나 타협에 의해서 목적이 결정되는 경우를 이와 유사한 방법으로 이해할 수 있다. 따라서 조직목적설이 방법론적인 측면에서 하향식의 접근방법이라면, 개인목적설은 상향식의 접근방법이라 할 수 있다. 이러한 하의상달의 접근방법은 일반적으로 개인주의적인 사고가 강한 서구식의 경영이나 조직에서 강하게 나타난다. 그 밖에도 민주주의 의식이 발전하고 정착되어 있는 환경에서 이루어질 가능성이 높다.

그러나 현실적으로 볼 때, 기업의 목적을 처음부터 하의상달의 형식으로 정하는 것은 거의 불가능하다. 비영리조직이 아닌 영리조직인 기업의 경우, 하의상달의 형식이라기보다 대부분 기업설립자 또는 기업을 설립하는 과정에 참여하는 소수의 인원들이 함께 의논하여 기업목적을 정하는 것이 일반적이기 때문이다. 물론 이렇게 정해진 기업의 목적도 경영과정상의 필요성 때문에, 예를 들어 기업의 인수합병이나 다각화 등으로 인해 기업의 정체성이 변화하는 경우, 구성원들의 의견을 상향식으로 반영하여 기업목적을 재설정할 수 있다. 그러나 이러한 경우에도 앞서 언급한 순수한 의미의 하의상달의 형식이라기보다, 구성원들의 의견을 수렴하고 반영하는 형식이라는 주장이 보다 현실적이고 설득력이 있다.

[복수목적설]

조직목적설이나 개인목적설에 비해 복수목적설은 보다 폭넓은 차원에서 기업내부뿐만 아니라 기업외부의 다양한 측면을 함께 고려하여 기업의 목적을 결정한다는 견해이다. 다시 말해서 기업의 목적은 사적인(기업내부) 측면과 사회적인(기업외부) 측면을 동시에 고려해야 하며, 이를 위해서 기업 내외부로부터의 의견을 수렴하고 반영해서 기업의 목적을 결정해야 한다는 의견이다. 따라서 기업목적의 설정방법에서뿐만 아니라 내용 측면에서도 앞서 언급한 개인목적설이나 조직목적설과는 상이하다. 예를 들어, 기업의 사적인 이윤추구와 사회적인 측면에서 환경보호, 건강, 복지 등과 관련된 목적도 함께 추구하기 위해서 이해당사자들의 의견을 반영하는 방법을 택한다면, 이는 복수목적설에 해당된다고 볼 수 있다.

그러나 우리나라에서의 일반적인 기업의 경영환경과 여건을 고려해 볼 때, 사실상 이러한 복수목적설이나 개인목적설이 실현되기는 쉽지 않다. 그러나 공기업이나 공적 자금이 투입된 조직의 경우에는 이해관계자의 의견을 최대한 반영하는 차원에서 복수목적설은 도입해 볼 만한 충분한 가치가 있다.

이상에서 살펴본 바와 같이 기업의 목적은 설정방법뿐만 아니라 그 내용에 있어 다양한 견해가 있을 수 있다. 이것은 경영자의 가치관이나 기업의 특성에 따라 목적의 우선순위와 접근방식이 다를 수 있다는 것을 뜻한다. 그럼에도 불구하고 중요한 것은 기업의 목적이 어느 한쪽으로 지나치게 치우치거나, 일방적으로 결정되는 것은 바람직하지 않다. 또한 목적을 설정하는 데 있어 고객, 즉 외부고객과 내부고객의 욕구를 반영하지 않고서는 결코 기업이 생존하고 발전할 수 없다는 사실을 잊어서는 안 될 것이다. 이외에도 환경론적인, 즉 열린 시스템적인 사고에 입각하여 단일차원의 목적에서 벗어나, 점차 다차원적인 복수목적으로의 변화가 불가피하다. 이러한 주장에는 다음과 같은 두 가지 이유와 근거를 두고 있다.

- 오늘날 기업은 열린 시스템으로 기업내부시스템의 발전과 함께, 기업외부 이해관계자들의 다양화에 따른 요구에 대처하지 않을 수 없다.
- 행동과학이나 경영학 등을 중심으로 이론의 발전이 가져온 수요자의 만족, 기업의 사회적인 책임 등의 명제가 강하게 제기됨으로써 기업의 목적에 대한 내용이나 형식에 대한 지속적인 조정이 불가피하다.

1.3.3 기업목적의 변화과정

기업의 목적은 기업의 내외적인 환경요인들에 의해 영향을 받으며 변화·발전해 왔다. 이와 관련하여 역사적으로 살펴볼 때 다음과 같이 크게 세 단계로 구분할 수 있다.

■ 자본가 이익의 극대화: 경제적인 목적 추구

초기 자본주의 시대의 기업목적은 주로 경제적인 역할에 한정되었다. 그리고 이러한 역할이 얼마나 잘 수행되었는가는 기업의 활동결과로 획득한 이익에 의해 평가되었다. 여기서 이익이란 개념은 기업의 소유자 또는 출자자인 자본가에게 귀속되는 경영성과와 배분금액에 기반을 두고 있다. 따라서 자본가 이외의 이해관계자들은 기업의 외부인으로 간주하고, 자본가의 이익과 부의 극대화만을 기업의 목적달성과 경영활동에 대한 평가의 기준으로 생각하였다.

■ 이해관계자 이익의 극대화: 경제적인 목적 확대

현대사회의 발전과 함께 기업의 형태도 다양한 모습을 보이며, 그 규모도 점차 확대되었다. 이러한 기업구조의 변화로 인해서 종전의 '자본가적 이익극대화'란 목적은 더 이상 정당화할 수 없게 되었다. 기업은 투자자 개인소유의 기업 차원을 벗어나 복잡한 이해관계자들로 구성된 집합체로 변화·발전하였다. 이러한 과정에 전문가에 의한 수탁경영, 즉 소유와 경영의 분리라는 새로운 개념이 생겨났다. 이는 다원화된 사회로의 변화를 배경으로 주주의 부를 극대화시키는 것 이외에 소비자, 근로자, 공급자, 채권자 등 다양한 이해관계자들의 욕구를 충족시켜 줄 경영지식과 역량을 갖춘 전문가 및 조정자로서의 역할이 필요했기 때문이다. 따라서 기업의 목적도 자연스럽게 종전처럼 자본가의 이익만을 극대화하는 것에 한정해서 볼 수 없고, 기업의 이해관계자에게 돌아가는 이익을 함께 고려하는 차원에서 설정되었다.

■ 사회적 책임의 확대: 비경제적인 목적 추가

기업이 점차 다양화 · 거대화되고, 사람들의 의식과 가치관도 향상되면서 경제적인 목적(이익)의 추구가 기업목적과 결부된 것은 맞지만, 더 이상 그 자체만으로 목적이 될 수 없게 되었다. 삶의 질 제고, 지역사회 봉사와 기여, 건강증진 등 비경제적인 가치가 사회적으로 부각되면서, 그동안 기업의 목적이자 성과지표로 인식되었던 이윤극대화로는 기업이 존재하는 진정한 의미와 목적을 달성하기 어렵게 되었다. 특히 공공의 건강과 복지, 환경보호 등을 기본적인 가치로 추구하는 기업들은 기업의 경제적인 이익 추구 외에도, 사회적인 이익을 함께 고려해야 하는 소위 '사회적 책임'을 수반해야 하는 보다 다양하고 통합된 목적을 받아들이게 되었다.

표 1-1 기업목적의 변화과정

제 1 단계	제 2 단계	제 3 단계
경제적 기업목적 추구 (자본가적 이익극대화)	경제적 기업목적 확대 (이해관계자 이익극대화)	비경제적 기업목적 추가 (사회적 책임의 확대)
이익극대화 경영단계	수탁 경영단계	삶의 질 경영단계
• 순수한 사적 이익 • 자본가 이익	• 사적 이익 • 공헌자(이해관계자) 이익	• 계몽된 사적 이익 • 공헌자(이해관계자) 이익 • 사회의 이익
나에게 좋은 것은 나의 기업에도 좋음	우리 기업에 좋은 것은 우리 사회에도 좋음	우리 사회에 좋은 것은 우리 기업에도 좋음
돈이 가장 중요함	돈이 중요하지만, 인간도 중요함	돈보다 인간이 더 중요함
경영자의 책임이 소유자에게 있음	경영자의 책임이 소유자, 기타의 공헌자에 있음	경영자의 책임이 소유자, 공헌자 및 사회에 있음

2. 기업경영

2.1 기업경영의 개념과 정의

조직이 어떠한 모습을 보이던 추구하는 목적을 효과적이고 효율적으로 달성하기 위해서는 경영이 필요하다. 일반적으로 경영은 영리조직인 기업에 해당되지만, 치열한 경쟁사회가 전개되면서 비영리조직인 학교, 종교기관, 군대, 국가 등에도 그 적용의 폭을 넓혀가고 있다.

여기서 거론되는 경영은 기업을 대상으로 하는 기업경영을 의미한다. 그렇다면 기업경영이란 구체적으로 무엇을 의미하는 것일까? 이에 대한 대답은 '기업에 대한 관점과 기업을 어떻게 정의하는가'에 따라 그 내용을 달리할 수 있다. 우리는 앞서 기업의 개념을 목적지향적 · 복합적 · 협동적 · 개방적인 시스템으로 정의하였기 때문에 기업경영에 대한 구체적인 내용도 이러한 관점을 중심으로 살펴보고자 한다.

■ 생산과 공급과정으로서의 기업경영

기업은 경제적인 목적을 지닌 생산단위로서 무엇보다 재화의 생산과 공급이라는 활동을 중심으로 하는 조직체이다. 보다 구체적으로 말하자면 기업은 생산에 필요한 노동력 · 설비 · 원재료 등 제반의 요소를 투입하여 제품을 완성하고, 그것을 판매함으로써 이윤이라는 경제적인 목적을 달성하는 영리조직이다.

이러한 목적을 추구하는 시스템의 관점에서 기업경영은 생산에 필요한 제반 요소의 결합과정과 생산된 재화의 공급과정으로 수행되며, 이러한 결합과 공급의 기능은 경영과정과 활동의 핵심을 이룬다고 볼 수 있다. 이때 과정상의 활동이 효과적이고 효율적으로 이루어지도록 하는 것이 기업경영의 중요한 과제이다.

■ 인간적 · 사회적 기능으로서의 기업경영

기업의 개념은 경제적인 요소뿐만 아니라 인간적이고 사회적인 요소 등 보다 다양한 측면을 포함하고 있는 복합적인 구조를 지니고 있다. 그러므로 기업을 어느 단일요소에 한정해서 해석하고 이해하는 것은 곤란하다. 물론 기업의 주요 활동이 경제적인 목적을 실현하기 위한 것이며, 기업경영 또한 일차적으로 경제적인 목적달성 및 성과제고를 위한 수단으로서의 역할과 기능을 해야 한다는 점을 부인할 수 없다.

그럼에도 불구하고 기업은 인적 자원으로 구성된 집합체인 만큼 기업에 참여하는 인간을 단순히 자연인으로서 개인 또는 생산에 필요한 노동력을 제공하는 인적 자원이 아니라, 심리적 · 사회적 동기와 다양한 욕구를 지닌 사회인이라는 점을 간과해서는 안 된다. 따라서 기업경영에 있어서도 구성원의 인간적인 욕구와 기대를 충족시키는 것은 물론, 인간관계적인 측면에서 불필요한 갈등이나 오해가 없도록 하는 것이 중요하다. 이와 함께 구성원의 동기부여나 원활한 의사소통 등도 기업경영의 중요한 과제이다. 그 밖에도 기업은 사회를 구성하는 일원으로서 사회적인 기능을 제대로 할 수 있어야 하며, 이를 위해서 기업 내부뿐만 아니라 외부 이해관계자들의 요구와 입장을 반영하는 노력과 행동이 필요하다.

■ 협동과 행동관리 기술로서의 기업경영

베버(M. Weber)는 조직을 특정한 목적을 지니고, 그 목적을 달성하기 위해 구성원들 간에 합법적으로 상호작용하는 인간들의 협동집단(corporate group)으로 정의하였다. 이로써 조직의 성과와 성공의 여부가 구성원들 간의 협동 정도에 따라 좌우된다고 볼 수 있다. 이것은 기업이란 조직에 있어서도 마찬가지다.

기업이 제대로 운영되고 원하는 성과를 창출하기 위해서는 경영자나 관리자 개인의 활동에만 의존하지 않고, 기업에 참여하고 있는 다수인(종업원 등)에 의한 집단적인 활동과 이들 상호 간의 협동은 필수적이다. 이러한 관점에서 기업경영이란 기업이 추구하는 특정한 목적을 달성하기 위해서 구성원들을 최대한 협동하도록 만드는 기술적인 과정이자 활동인 동시에, 구성원의 행동을 목표지향적으로 상호조정하고 체계화하는 관리기능이라고 할 수 있다. 이것은 이미 만들어진 것이 아니라 새롭게 만들어가는 미래지향적인 활동과 과정을 내포하고 있다. 또한 정태적인 것이 아니라 일정한 목적을 달성하기 위한 의지의 작용이 가해지는 동태적인 특성이 강하다고 볼 수 있다.

■ 환경과 지속적인 교류로서의 기업경영

셀즈닉(P. Selznick)은 조직을 지속적으로 환경에 적응하면서 공동의 목표를 달성하기 위해 공식적 또는 비공식적인 관계를 유지하는 사회적인 구조로 정의하였다. 이로써 조직에 대한 내부적인 구조뿐만 아니라 외부환경과의 관계를 강조하였다. 이에 대해 스콧(F. Scott)은 조직의 정태적인 관점에 환경의 변화와 영향을 고려한 유기적인 관점을 포함시키고, 특히 조직은 열린 시스템으로써 환경에 대한 적극적인 적응과 대응을 해야 한다고 주장하였다.

여기서 환경이란 조직외부에 존재하는 모든 영향력의 주체라고 할 수 있는데, 예를 들어 기업의 경우 경쟁사, 고객, 주주, 정부, 자금시장, 기술 등이 이에 해당된다. 이러한 관점에서 기업경영은 외부환경과의 지속적인 교류로 이해할 수 있다. 즉 기업이 시장경쟁에서 유지·발전하기 위해서는 외부환경에 대한 적절한 대응과 적응을 수행하는 유기체적인 기능과 역할이 불가피하다는 것을 의미한다.

이상에서 살펴본 바와 같이 기업경영은 재화의 생산과 공급을 위해 필요한 제반 요소를 효과적이고 효율적으로 결합하는 경제적인 활동과 과정을 내포하고 있다. 뿐만 아니라 구성원들의 목표지향적인 행동과 협동을 촉진하고, 개인은 물론 사회적인 요구를 반영하고 충족시키는 중요한 기능과 역할을 수행해야 한다. 특히 급변하는 외부환경에 기업을 유기적으로 대응·대처하게 함으로써 치열한 시장경쟁에서 지속적으로 성장·발전이 가능하도록 해야 한다. 기업경영에 대한 이와 같은 다각적이고 종합적인 이해는 경영자로서 구성원들에 대한 영향력을 행사하고자 하는 리더십의 행위와 과정에 있어 그 타당성과 유효성을 높이는 데 매우 중요한 역할을 할 수 있다.

기업과 경영(관리)의 관계

앞서 살펴본 바와 같이 일반적으로 기업은 영리를 추구하기 위해 경영 활동을 수행하는 개별경제의 단위이며, 경영은 이러한 기업의 목적을 수행하기 위해 갖추지 않으면 안 될 기술상의 수단으로 이해할 수 있다. 한마디로 말해서 경영은 기업의 경제적인 가치를 높이는 데 중점을 둔 모든 활동을 의미한다. 이외에도 기업과 경영의 본질을 비교해 보면 다음과 같은 차이점을 발견할 수 있다.

- 기업은 법률적 · 금융적 단위이나 경영은 물적 · 기술적 단위이다.
- 기업은 경영의 소유단위이고 경영은 기업의 생산단위이다.
- 기업의 전부는 경영이나 경영의 전부는 기업이 아니다.
- 기업은 수익성과 영리성에, 경영은 효과성과 효율성을 추구하는 데 중점을 두고 있다.

이러한 차이점이 존재하지만 그럼에도 불구하고 기업과 경영은 하나로 구성된 결합체인 동시에 상호의존적(interdependence)이며 불가분의 관계에 있다고 볼 수 있다. 즉 경영 없는 기업은 존재할 수 없고, 기업 없는 경영은 무의미하다. 이와 관련하여 무니(J.D. Mooney) 등은 "조직을 하드

웨어로, 경영을 하드웨어를 움직이게 하는 소프트웨어" 로 간주하였다. 뿐만 아니라 이들 관계를 육체와 정신에 비유하면서 경영은 정신에, 조직은 육체에 해당되는 것으로 설명하였다.

한편 경영과 유사한 의미를 지닌 관리와의 관계를 살펴볼 때, 기업 그 전체 활동에 대해 계획하고 그 집행을 지휘하는 것을 경영이라고 한다면, 기업의 여러 가지 기능과 활동 가운데 인사, 생산, 판매 등과 같은 한 부문에 제한하여 적용되는 계획이나 그 집행을 지도하는 것이 관리라 할 수 있다. 다시 말해서 경영이란 관리과정 및 활동에 대한 종합적이고 포괄적인 의미를 지니고 있는 데 반해서, 관리는 인사관리, 생산관리, 재무관리 등과 같이 개별 및 부분적인 측면에서의 전문적인 기능과 역할을 내포하고 있다고 할 수 있다.

2.2 기업경영의 마인드

기업이 경쟁력을 지니기 위해서 경영자가 가져야 할 경영마인드는 다음과 같이 세 가지로 나누어볼 수 있다. 첫째, 고객을 최우선으로 하는 고객중심의 마인드 둘째, 치열한 경쟁에서 생존 및 발전하고자 하는 경쟁우위의 마인드, 그리고 기업의 가치를 극대화하는 가치극대화의 마인드가 이에 해당된다. 기업목적을 달성하기 위해서는 이러한 마인드에 입각한 여러 가지 아이디어와 지혜가 종합적으로 작용해야 한다. 기업의 경영마인드에 대한 핵심요소와 구체적인 내용은 다음과 같다.

■ 고객중심의 마인드

고객중심의 마인드란 경영자가 기업을 경영하는 데 있어 가장 먼저 생각해야 하는 것이 고객이라는 점이다. 즉 고객에게 제공되는 일체의 물질적 · 심리적인 행동이 그들에게 최상의 만족을 가져다주어야 한다는 생각과 태도이다. 이때 고객이란 단지 기업의 제품을 구매하는 최종소비자뿐만 아니라 기업에 투자하고 있는 주주, 기업에서 일하고 있는 종업원, 그 밖의 이해관계자들도 함께 포함하는 보다 폭넓은 개념으로 이해할 필요가 있다. 왜냐하면 이들 모두가 기업의 목적달성과 성과제고의 과정에서 직간접적으로 영향을 미치기 때문이다. 특히 기업이 좋은 경영성과를 내려면 종업원지향적인 사고와 행동이 중요하다. 왜냐하면 종업원에 대한 관심과 배려는 곧 최종소비자인 고객에 대한 친절과 질 높은 서비스로 이어지기 때문이다.

■ 경쟁우위의 마인드

경영마인드에는 고객을 가장 먼저 생각하는 고객중심의 마인드와 함께, 경쟁사와 비교해 볼 때 어떻게 하면 고객에게 상대적으로 더 큰 만족을 제공할 수 있는가를 찾는 경쟁우위의 마인드가 요구된다. 특히 글로벌 무한경쟁의 시대에 경쟁우위를 확보하지 못하면 기업의 생존과 발전이 거의 불가능하다는 측면을 고려해 볼 때, 이 같은 사고와 행동은 무엇보다 중요하다. 그렇다면 경쟁우위를 위해서 무엇이 필요한가?

기업이 경쟁우위를 확보하기 위해서는 특유의 기술이나 탁월한 경영능력이 있어야 한다. 이와 관련된 경쟁우위의 원천으로 무엇보다도 가치활동(value activities)과 핵심역량(core competence)을 들 수 있다. 여기서 가치활동이란 창조적인 경영활동을 의미하고, 핵심역량은 기업의 경쟁력 확보에 결정적인 역할을 하는 중요한 경영자원이라고 할 수 있다. 이들 두 가지 요소가 경쟁사보다 비교우위에 있으면 경쟁우위를 가지며 기업의 지속적인 성장과 발전을 도모할 수 있다.

■ 가치극대화의 마인드

경영마인드를 갖는다는 것은 앞서 언급한 바와 같이 고객을 먼저 생각하고 고객에게 어떻게 하면 경쟁사보다 더 큰 만족을 제공할 수 있는가를 찾아보려는 노력인데, 만약 이를 통해서 기업이 손실을 본다면 아무런 가치가 없는 일이다. 따라서 경영마인드란 고객중심의 사고와 경쟁우위의 요소를 갖추되, 수익성이라는 또 하나의 요소가 뒷받침되어야 한다는 의미이다. 여기서 말하는 수익성이란 효과적이고 효율적인 아이디어에 의해 얻을 수 있는 것이며, 이것은 기업가치를 높여주는 매우 중요한 요소를 뜻한다. 다시 말해서 효과적이고 효율적인 사고와 행동을 통해서 수익성이 커질수록 경영활동의 최종 목표인 기업가치의 극대화에 도달할 수 있다는 것이다.

한편 수익성 외에도 기업의 가치를 극대화하기 위해서는 다음과 같은 두 가지 방법을 사용할 수 있다. 하나는 주식시장에서 주가를 높여서 기업가치를 극대화하는 방법이고, 또 하나는 브랜드나 특허권 등 무형의 자산가치를 높여서 기업가치를 극대화하는 방법이다. 주가를 높이기 위해서는 기업의 수익성과 성장성을 확보하는 것이 중요하며, 이를 위해서는 무엇보다 철저한 원가 및 판매관리와 함께 사업의 포트폴리오 관리에 대한 뛰어난 능력과 역량이 필요하다. 이에 대해 무형의 자산가치를 높이기 위해서는 기업의 경영목표나 비전을 담고 있으면서 고객의 욕구를 정확히 반영한 브랜드나 기업이미지를 전략적으로 개발하고 축적하는 것이 중요하다. 이외에도 경영노하우, 협력네트워크, 연구개발 및 특허권 등 자사만의 독특하고 차별화된 역량과 자원을 지속적으로 강화하는 것도 중요하다.

2.3 기업경영의 세부내용

일반적으로 경영이란 조직을 관리하기 위한 활동 및 기술, 조직의 운영방법 또는 조직발전을 계획·지도하고 통제하는 방식 등으로 이해할 수 있다. 이로써 경영은 조직관리를 위한 수단이자 방법이며, 조직이 어떠한 유형과 모습을 보이던 추구하고자 하는 목적을 보다 효과적이고 효율적으로 달성하기 위해서 경영이 불가피하다. 특히 조직의 규모가 확대되고 업무가 복잡해질수록 이와 같은 경영의 중요성은 강조된다.

본서에서는 기업경영을 기업목적을 달성하기 위해 사용이 가능한 기술적·재정적·인적·물적 자원 등을 적절하게 배분·배합하고, 특히 부서 및 구성원들의 기능적인 활동을 계획, 조직, 지휘, 통제 및 조정해 나가는 과정으로 이해하고자 한다. 나아가 기업경영이란 기업의 목적을 달성하기 위해 '무엇을 어떻게 할 것인가'에 대한 전반적인 방향에 대한 전략적인 의사결정과 이러한 전략을 구체적으로 실행하기 위한 관리적이고 기능적인 의사결정을 의미한다고 볼 수 있다. 이것을 환경적응론적 관점이나 시스템론적인 관점에서 언급하자면, 기업은 환경과 상호영향의 관계를 맺고 있으며, 목적을 달성하기 위해서 외부로부터 자원을 투입(input)하고 변형(transformation) 및 산출(output)해야 하는데, 이러한 변형과 산출을 위한 활동이 곧 기업경영이라는 것이다. 이러한 개념 정의를 기반으로 기업경영과 관련된 세부내용을 보다 구체적으로 파악하고 이해하기 위해서는 다음과 같이 과정적인 측면, 업무적인 측면, 그리고 의사결정적인 측면에서 기업경영을 구분하여 살펴보는 것이 필요하다.

■ 과정적인 측면의 경영

기업의 경영활동을 과정적인 측면에서 볼 때 무엇보다 먼저 기업이 나아가고자 하는 방향과 목적을 설정하고, 이를 달성하기 위해 필요한 구체적인 계획을 수립하는 활동이 필요하다. 왜냐하면 이를 통해 기업의 성장과 발전을 위한 청사진을 확보할 수 있기 때문이다. 이러한 계획수립의 활동은 기업의 전체적인 차원에서뿐만 아니라 개별부서 차원에서도 필요하다. 그리고 이 같은 계획이 수립된 다음에는 계획과정에서 설정한 목적을 달성하기 위해 일을 세분화하고 구성원들에게 배분하고 자원과 권한을 할당하는 등 조직화의 활동이 요구되며, 그 결과가 조직으로 나타난다. 이로써 조직은 첫 번째 활동인 계획과정 다음에 이어지는 두 번째 과정의 결과인 동시에, 계획을 실행으로 옮기기 위한 체제와 수단에 해당된다.

이처럼 조직화의 과정을 거쳐 조직이 갖추어지고 난 이후에는 조직의 운영과 목적달성을 위해서 구성원에 대한 동기부여, 상호 간의 의사소통 및 갈등관리, 목표지향적인 행동의 유도 등과 관련된 지휘활동이 필요하다. 이러한 지휘활동은 일반적으로 리더십과 같은 의미로 해석하고 이해할 수 있다. 그리고 기업경영의 마지막 과정으로서 지휘활동에 따라 산출된 결과에 대한 평가, 조정 등의 통제활동도 있어야 하는 불가피한 사안이다.

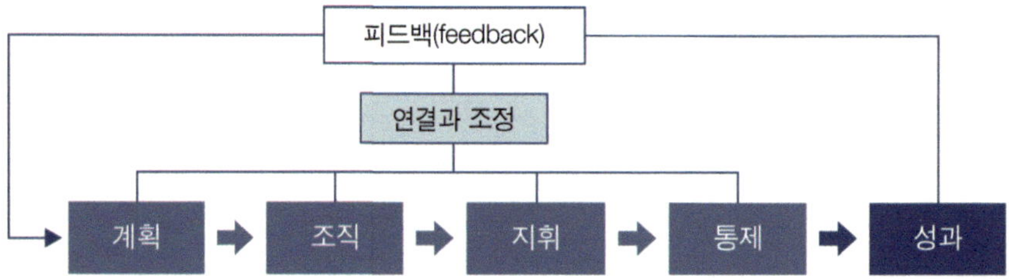

그림 1-3 과정적 측면의 기업경영활동

경영활동	세부내용
계획 (planning)	목적을 세우고, 이를 달성하기 위한 가장 좋은 방법(청사진)을 찾는 활동
조직 (organizing)	수립한 계획을 성공적으로 달성하기 위하여 어떠한 형태로 조직을 구성할 것인가를 결정하고 인적 및 물적 자원, 자본, 정보, 지식 등을 배분하고 조정하는 활동
지휘 (leading)	목표를 달성하기 위하여 요구되는 업무를 잘 수행하도록 종업원들의 동기를 유발하고 목표지향적으로 이끌어가는 활동
통제 (controlling)	구성원들이 수행하는 업무가 제대로 추진되고 있는가를 확인하고, 문제가 있을 때 수정·보완하는 활동

그 밖에도 경영이라는 것이 일회성의 활동이나 과정이 아니라 기업이 존재하는 한 지속적으로 유지되어야 하기 때문에 앞서 언급한 계획, 조직, 지휘, 그리고 통제활동의 전 과정이 하나의 유기적인 순환체계를 이루고 있다고 말할 수 있다.

■ 업무적인 측면의 경영

경영을 업무의 성격별로 구분하는 것이 업무적인 측면에서 보는 경영의 관점이다. 이러한 관점에서 볼 때 해당 조직의 특징과 주어진 여건에 따라 구체적인 경영활동 및 업무내용은 달라질 수 있다. 즉 해당 조직의 목적이 무엇인가에 따라서 필요한 업무가 결정된다는 것을 의미한다. 그러므로 기업의 경우 목적을 달성하기 위해 필요한 대표적인 업무로서 인사 · 조직, 마케팅, 생산, 재무 등이 해당되지만, 예를 들어 대학경영의 경우에는 설립 목적에 따라 학생, 교무, 사무 등과 관련된 업무활동이 포함될 수 있다.

대부분의 조직에서 이러한 업무적인 측면의 경영활동을 중심으로 단위 조직(부서)의 명칭이 정해진다. 또한 업무적인 측면의 경영활동에 과정적인 측면의 경영활동이 연계되거나 포함될 수 있다는 점도 유념할 필요가 있다. 예를 들어, 마케팅 업무와 관련하여 부서에서 자체적인 계획, 조직, 지휘, 통제 등의 프로세스활동을 진행할 수 있다.

표 1-2 업무적 측면의 기업경영활동

경영활동	세부내용
인사 조직	사람과 관련된 활동으로서 직원을 영입하여 교육 · 훈련시키거나 적재적소에 배치 및 업무를 할당하는 등의 인적자원관리활동
마케팅	기업을 알리고 이해관계자들의 욕구를 충족시키며, 나아가 해당 기업의 우호적인 세력으로 만들고 유지하는 활동
생산	경영자원을 활용하여 수요자와 이해관계자가 원하는 결과를 창출하는 활동
재무	기업목적을 달성하기 위해 자본을 조달하고 운용하는 활동

■ 의사결정적인 측면의 경영

여기서 의사결정이란 일정한 목적을 달성하기 위해 여러 가지 가능한 대체안을 탐색 · 평가하고, 그중 최고의 것을 선택하는 논리적인 사고과정을 뜻한다. 따라서 의사결정 측면에서의 기업경영이란 곧 경영자의 의사결정활동으로 이해하고 이것을 의사결정의 차원에서 본다면, 크게 전략적 의사결정, 관리적 의사결정, 기능적 의사결정으로 구분할 수 있다. 이때 전략적 의사결정은 주로 조직의 상층부(최고경영층)에서 이루어지며, 관리적 의사결정은 조직의 중간계층(중간경영층)에서 이루어지는 활동이다. 이에 대해 기능적 의사결정은 조직의 하위계층(일선경영층)에서 진행된다고 볼 수 있다. 이에 대한 구체적 내용은 (표 1-3)과 같으며, 이러한 의사결정 역시 과정이나 업무적인 측면과 연계되어 이루어지는 것이 일반적이다.

표 1-3 의사결정적 측면의 기업경영활동

경영활동	세부내용
전략적 의사결정	조직의 장기적인 목표설정, 자원배분 등과 관련이 있으며 조직 전체에 영향을 미치는 활동
관리적 의사결정	조직의 목표를 달성하기 위한 자원의 획득 및 효율적인 사용과 관련된 활동
기능적 의사결정	특정 업무에 대한 효율적이고 효과적인 수행을 위한 활동

Ⅱ

전략과 경영전략

1. 전략
2. 경영전략

1. 전략

1.1 전략이란

1.1.1 전략의 어원과 의미

전략이란 용어는 기원전 400년부터 군사용어로 사용되었고, 그 어원은 고대 희랍어로 'stratos(army)'와 'agein(to read)'의 합성어인 'strategos(the general)' 또는 'strategia(generalship)'에서 찾을 수 있다. 이것은 '적을 쳐부수기 위해 또는 적으로부터 공격의 결과를 줄이기 위해 장군이 군사력을 지휘하는 과학이자 기법'을 뜻한다. 웹스터(Wester) 사전에도 이와 유사한 내용으로 전략(strategy)을 '전쟁의 목적을 달성하기 위해 교전자의 힘을 무장하는 과학(science)인 동시에 기법(art)이며 더욱 국한시켜 말하자면, 적을 자기의 유리한 상황하에 두는 군 지휘관의 과학이고 기법'이라고 정의되어 있다.

전략이란 용어는 동양에서도 병법과 군사학에 근원을 두고 있다. 손빈은 기원전 360여 년에 손자병법을 통해 전략이 생존에 중요한 역할을 하는 것으로서 삶과 죽음의 문제이기도 하며, 안전과 존망에 영향을 미치는 것으로 정의하였다. 그리고 전략과 관련된 필수적인 요소로서 도(道), 천(天), 지(地), 장(將), 법(法)을 제시하고, 이들은 전략의 형태와 유효성에 매우 중요하게 작용한다고 주장하였다.

표 2-1 손자병법에 나타난 전략적 요소와 현대적 의미

- 道(국민과 지도자의 동일한 목적): 기업의 목적
- 天(낮과 밤, 날씨의 변화): 기업의 외부환경(시장개방, 정부정책 및 규제, 기술혁신, 수요변화 등)
- 地(지형 및 지물의 이용): 해당 산업의 구조적인 특성, 경쟁상황, 경영자원, 시장의 특성 및 진입장벽
- 將(지도자의 능력, 지혜, 신의): 경영 및 관리자의 능력과 역량, 리더십, 의사소통, 동기부여
- 法(군대의 편성, 명령 및 지휘계통): 조직구조, 관리운영 프로세스, 업무의 규정과 절차

손자병법에 나타난 도(道)란 국민과 지도자가 같은 목적을 가지고 노력하는 것을 의미하며, 기업경영 및 전략적 차원에서 볼 때 기업의 목표와 비전이 제시되고 구성원들이 공통적인 목표를 추구하는 것으로 해석할 수 있다. 천(天)은 군사전략에서 낮과 밤 또는 날씨의 변화 등을 의미한다. 마치 삼국지의 적벽대전에서 제갈공명이 동남풍을 기다려 화공을 쓰는 일화처럼, 현대적인 의미는 기업의 활동에 영향을 미치는 시장개방, 정부규제의 완화, 기술혁신 등과 같은 외부환경을 뜻한다. 지(地)는 지형의 험준함 또는 지형의 넓고 좁음, 산과 강의 위치 등을 의미한다. 이것은 기업에 주어진 조건으로서 산업의 구조적인 특성과 경쟁의 성격, 경영자원, 시장조건 등으로 해석할 수 있다. 이에 대해 장(將)은 지도자의 능력, 지혜, 신의 등을 의미하며, 기업경영에 있어 최고경영자의 역량과 리더십에 견주어 비교될 수 있다. 끝으로 법(法)은 군대의 편성과 명령계통을 나타내는 것으로서 기업의 조직구조와 관리프로세스, 업무의 규정과 절차 등으로 해석할 수 있다.

1.1.2 현대사회(조직)에서 전략의 내용과 핵심요소

오늘날 '전략이 무엇인가'에 대해서는 전략과 관련된 서적의 수만큼이나 매우 다양한 견해가 있다. 예를 들어 전략을 조직목적의 관계를 중심으로 보거나, 조직의 내외부적인 환경의 접합성에 초점을 맞추거나 또는 심리·행동적인 특성을 강조하는 등 다양한 관점에서 전략의 개념을 정의하고 있다. 한마디로 말해서 전략에 대해 일치된 견해를 보이지 않고 있다. 이에 대한 배경 및 원인은 누군가 나름대로 전략에 대해 정의하면 다른 측면을 강조하는 새로운 정의가 제시되고, 새로운 정의는 또 다른 정의를 낳는 결과로 이어졌기 때문이다. 전략의 다차원적인 속성으로 인해서 이러한 현상은 어찌 보면 당연한 일이다. 조직의 전략에 대한 대표적인 학자들의 정의를 살펴보면 (표 2-2)와 같다.

표 2-2 조직의 전략에 대한 학자들의 정의

- 전략은 조직의 목적과 사명을 달성하기 위해 동원할 수 있는 대체안들을 결정하고 평가하며, 그리고 추구할 하나의 최적안을 선택하는 것이다.(L.L. Byars, Strategic Management)
- 전략이란 조직의 주요 목표, 정책 그리고 행동절차가 전체적으로 응집력을 갖도록 통합하는 패턴이나 계획을 의미한다.(J.B. Quinn, Strategies for Change)
- 전략이란 환경에 대응해서 그리고 조직목적을 달성하기 위해 제 자원의 배분과 여타의 활동을 규정하는 행동계획이다.(R.L. Daft, Management)
- 전략이란 조직이 환경과 상호작용하면서 장기적인 목적을 달성하기 위한 광범위한 행동계획이다.(K.M. Bartol & D.C. Martin, Management)
- 전략이란 조직의 목적을 달성하기 위한 광범위하고 장기적인 계획이다.(D.H. Holt, Management)

전략에 대한 이러한 학자들의 정의를 통해 다음과 같은 전략의 내용과 특성을 나타내는는 핵심적 요소를 파악할 수 있다.

- **목적달성을 위한 수단**: 전략은 기업목적을 달성하기 위한 미래지향적인 방안과 계획에 중점을 둔다.
- **환경변화에 대한 대응**: 전략은 외부환경과 상호작용하며, 기업목적을 달성하기 위한 자원배분 및 경쟁우위를 획득하기 위한 방법이다.
- **지침이자 행동계획**: 전략은 기업의 장래 및 나아가야 할 방향에 대한 일정한 지침을 제공하며, 장기적인 목적을 달성하기 위한 여타의 활동을 포괄적이고 체계적으로 규정한다.

한편 호퍼(C.W. Hofer) 등은 전략에 대한 학자들의 다양한 정의 속에 공통적으로 포함하고 있는 전략의 내용과 특성에 대해 다음과 같은 네 가지 요소를 기반으로 요약 및 설명하고 있다.

- **영역과 범위**: 조직과 환경 간의 현재 및 계획된 상호작용을 구체화한 것으로 조직의 활동영역과 범위를 나타내고 기술한 것이다.
- **자원의 전개**: 조직의 목적을 달성하기 위해서 인적, 물적 및 재무자원 등을 어떻게 배분할 것인가에 관한 계획된 개요(outline)를 내포한 것이다.
- **경쟁우위 추구**: 활동범위와 자원배분에 관한 의사결정을 통해서 다른 조직과 차이가 나는 경쟁상의 이점이나 유리함을 구체화한 것이다.

- **시너지 창출**: 위의 세 가지에 관한 의사결정으로부터 기대하는 시너지를 얻고, 결과적으로 조직의 목적을 달성하는 것을 고려하는 것이다.

1.1.3 기업에서 전략에 대한 개념적 정의와 이해

일반적인 조직에서처럼 전략의 개념은 기업과 관련해서도 매우 다양하게 정의되고 있다. 뿐만 아니라 그 내용과 형태도 매우 복잡하고, 관점에 따라 서로 다르게 이해되고 있다. 예를 들어 전략이 적용되는 영역을 중심으로 볼 때, 전략은 다각화된 기업본부부터 단일사업 및 단일사업 내의 특정한 기능에 이르기까지 다양한 수준을 포함하고 있다. 더욱이 전략은 이들 기능 내에서 세부적인 업무활동까지 관련될 수 있기 때문에, 어디에 초점을 두고 전략을 정의하는가에 따라 그 내용이 서로 다를 수 있다. 마찬가지로 전략의 목적이나 기능 측면에서 전략이란 개념을 어디에 초점을 두고 정의하는가에 따라 그 내용이 다를 수 있다. 이같이 기업에서 전략이란 개념은 매우 복잡하고 다차원적인 현상을 내포하기 때문에, 보편 · 타당하게 받아들일 수 있는 정의가 거의 불가능하다고 해도 과언이 아니다.

표 2-3 기업의 전략에 대한 학자들의 정의

- 전략이란 기업의 목표를 달성하기 위한 여러 가지 계획이나 정책을 말한다.(K.R. Andrews, The Concept of Corporate Strategy)
- 전략이란 기업의 기본적인 목적을 달성하기 위한 통일되고, 포괄적이며, 통합된 계획이다.(W.F. Glueck, Business Policy)
- 전략이란 기업의 장기적인 목표의 결정과 그 목표를 달성하기 위한 행동을 결정하고 경영자원을 배분하는 것이다.(A.D. Chandler, Strategy and Structure)
- 전략이란 환경의 도전에 직면하여 기업의 전략적인 이익과 관련되고 조직의 적절한 수행을 통해 기업의 기본적인 목적이 달성되는가를 확인하기 위해 설계된 통일되고 포괄적이며 또한 통합된 계획을 말한다.(L.R. Jauch & W.F. Glueck, Business Policy and Strategic Management)
- 전략이란 게임 계획과도 같은 것으로 경쟁적인 환경과의 상호작용을 통해 기업의 목적을 달성하기 위한 광범위하고 미래지향적인 계획이다.(J.A. Pearce & R.B. Robinson, Formulation, Implementation, and Control of Competitive Strategy)

앞서 언급한 바와 같이 전략의 개념은 이처럼 개인적인 관점에 따라 다양한 내용으로 정의할 수 있다. 한편 민츠버그(H. Mintzberg)는 이러한 다양성에 대해 전략의 개념을 (표 2-4)와 같이 5P, 즉 계획(plan), 책략(ploy), 패턴(pattern), 위치(position), 관점(perspective)을 중심으로 정의하고 설명하였다. 이로써 전략의 개념을 단순히 '경쟁에서 어떻게 싸울 것인가' '자원을 어떻게 배분할 것인가' 등의 협소한 문제에 국한된 것이 아니라, 기업이란 조직을 집단적인 인식체계이자 행위체계로 인식하고 보다 근원적으로 이해하기 위해 필요한 문제들을 다루어야 한다고 주장하였다. 즉 전략이란 개념 속에는 기업의 목표와 성과에 영향을 미치는 광범위하고 다각적인 현상과 내용이 포함되어 있다는 것이다.

표 2-4 전략에 대한 민츠버그의 다원적인 정의

전략	세부 내용
계획	상황에 대처하기 위해 의식적으로 의도한 행동
책략	경쟁자(적)를 속이기 위한 교묘한 책동
패턴	오랜 기간 습관적으로 나타내는 정형적인 행동유형
위치	경쟁환경에서 활동영역 및 장소를 정하는 방식
관점	기업과 외부세계를 바라보는 방식

- **계획으로서의 전략**: 전략은 계획으로서 의도한 행동코스이자 상황에 대처하기 위한 하나의 가이드라인이다. 이것은 사전에 의식적으로 그리고 목적지향적으로 개발되기 때문에 소위 '의도된 전략(intended strategy)'이라 할 수 있다.

- **책략으로서의 전략**: 전략은 상대방(적)을 속이기 위한 교묘한 책략이자 책동이다. 예를 들어 시장에 진입하려는 기업이 있거나 경쟁기업이 새로운 사업을 추진하려고 할 때, 이를 사전에 봉쇄하기 위해 신제품을 출시하거나 R&D 계획을 발표하는 등의 위협을 가한다면 이러한 행위가 곧 책략으로서의 전략이다. 이것은 경쟁상대로 하여금 의욕을 잃어버리도록 만들거나 논리적인 분석보다 감정에 치우치게 함으로써 소기의 성과를 얻고자 하는 전략이다.

- **패턴으로서의 전략**: 전략은 행동하는 어떠한 정형적인 유형이다. 계획과 책략처럼 사전에 의도한 행동과 의사결정이 아님에도 오랜 시간 동

안 어떠한 일관된 행동의 유형을 형성하게 되면 의도한 것이든 아니든 전략으로 볼 수 있다. 예를 들어 기업 자체적으로 제품을 개발하거나 시장을 개척하여 성장을 추구하는 것이 아니라, 타 기업을 인수·합병하는 행동패턴으로 사업다각화를 한다면 이 또한 전략으로 볼 수 있다.

- **위치로서의 전략**: 전략은 자신의 활동영역이자 분야를 선정하는 것이다. 이것은 기업 자신을 경쟁환경과 관련시키는 방식이다. 다시 말해서 위치로서의 전략은 기업자원을 집중시킬 적절한 제품과 시장영역을 결정해 나가는 것으로, 예를 들어 자신의 독자적인 생존영역을 의미하는 '틈새(niche)'나 고객집단을 찾아내는 것을 의미한다. 이에 따라 전략의 핵심기능도 외부환경 속에 기업을 적절하게 위치시키는 방법과 수단에 있다고 볼 수 있다.

- **관점으로서의 전략**: 전략은 자신과 외부세계를 바라보는 방식이자 관점을 의미한다. 위치로서의 전략이 외적인 환경에 관련된 것이라면, 관점으로서의 전략은 내적인 조직에 관련된 것으로 개인에게 퍼스낼러티가 있듯이 조직에도 관점이 있다는 뜻이다. 예를 들어 IBM은 스스로를 마케팅 회사로, Hewlett-Packard사는 그들 자신을 엔지니어링 기업으로 보고 있다. 이러한 자기 개념화 전략은 기업의 특성, 특히 구성원들의 사고와 행동에 깊이 스며들게 된다. 혼다의 경우는 국제적 시각, 개인존중, 도전정신 등을 특징으로 하는 소위 '혼다방식의 전략'

을 통해서 직원들의 행동양식과 사업성공에 지대한 영향을 미쳤다. 따라서 관점으로서의 전략은 '어떻게 전략적인 의도가 집단 내에 전파되어 공동의 가치관 또는 규범으로 공유되는지'에 관한 문제가 내용의 핵심이 된다.

1.1.4 본서의 전략에 대한 개념 정의

앞서 살펴본 다양한 전략에 대한 정의를 기초로 본서에서는 기업과 관련하여 전략을 다음과 같이 정의하고자 한다.

전략이란 기업의 목적달성과 성과를 제고하기 위한 포괄적인 수단이자 계획이며, 이를 위해서 기업의 내부자원을 이용하여 외부환경에 효과적이고 효율적으로 대처하는 사고와 활동이다.

■ 전략은 기업의 목적을 달성하기 위한 수단이자 계획이다

전략에 관한 가장 오래되고 일반적인 정의는 기업의 이념과 비전, 목적 그리고 전술의 개념과 밀접한 관계가 있다. 이러한 접근방법은 (그림 2-1)과 같이 계층적인 구조에 기반을 두고 있다.

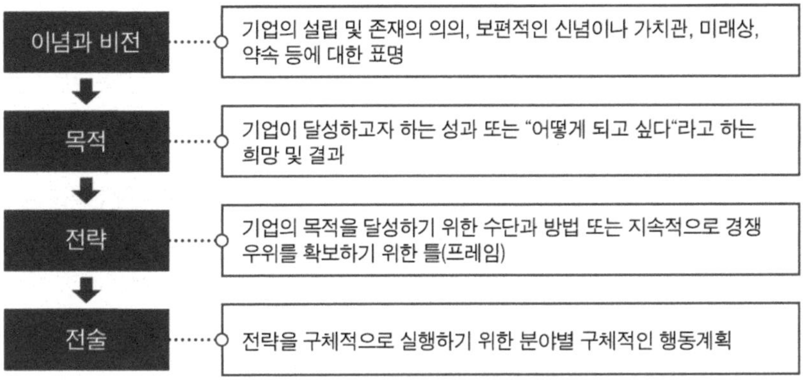

그림 2-1 전략의 계층적 구조

이념은 일반적으로 보편적인 신념이나 가치관, 이상적인 견해와 생각 또는 '어떠한 사고와 행동을 유지할 것인'가와 같은 기본적인 방침을 명확히 나타낸 것이다. 비전은 이러한 이념에 근거해서 추구하고자 하는 미래의 모습을 내외부적으로 표방한 것이다. 한마디로 기업에서 이념과 비전은 기업의 존재 의의나 사명을 나타낸 기본적인 가치관의 표명이라고 할 수 있다. 이것은 구성원의 행동규범(3M의 "아이디어를 무시하지 마라" "실패를 두려워하지 마라" 등)이 되거나, 사업을 성공으로 이끄는 열쇠(IBM의 "Think different" 등)로 작용한다.

목적은 미션과 같거나 유사한 의미로서, 기업이 장기적으로 무엇을 추구하고 지향해야 할 것인가, 또는 기업이 궁극적으로 무엇을 이루거나 달성하기를 원하는 상태 또는 결과를 나타낸 것이다. 이에 대해 목표는 기업의 목적이나 미션에 나타나 있는 사업영역에서 기업이 달성하고자 하는 구체적인 성과를 의미한다.

전략은 기업의 목적을 달성하는 수단이자 구체적인 방안을 포함한 계획을 의미하는 것으로서, 특히 지속적인 경쟁우위를 확보하기 위한 사고와 행동의 틀로 이해할 수 있다. 전략은 그 중요성이 크기 때문에 종종 목적의 한 부분을 포함하기도 한다. 이에 대해 전술은 기업이 자신의 전략을 실행하기 위해 취하는 구체적인 분야별 행동계획이다.

전략과 전술에 대한 예로써 미국시장의 50%를 점유했던 스위스 시계 제조업체인 타임엑스(Timex)의 경우, 저가격의 손목시계 시장에서 새로운 니치를 발견하고 값싼 손목시계를 개발하여 핵심능력과 경쟁적 비교우위를 확보하고자 하는 전략을 수립하였다. 그리고 이를 달성하기 위한 전술로써 경제규모의 생산체계, 제품의 간소화와 표준화, 철저한 품질관리와 물류관리, 창의적이고 적극적인 마케팅 활동 등을 실시하였다.

- 전략은 기업내부의 강점과 약점을 기업외부의 위협과 기회에 적합시키는 사고와 행동이다

전략은 기업의 외부환경으로부터의 위협과 기회에 대응하면서, 내부의 경영자원을 이용하여 경쟁상의 강점을 활용하는 동시에 약점을 회피하기 위해 취하는 사고와 행동이다. 즉 전략은 기업외부의 기회와 위협을 파악하기 위해 시장 및 경쟁환경을 분석하고, 자신의 강점과 약점을 발견하기 위해 내부의 자원과 능력을 경쟁대상과 비교 · 분석하며, 이 두 가지 분석결과를 적합시키는 내용을 포함한다. 이러한 전략에 대한 개념정의는 기

업의 전략수립 및 선택에 있어 환경영향의 중요성과 기업내부적인 능력 및 자원의 활용성에 초점을 둔 것으로서 현재 가장 일반적으로 받아들여지는 전략에 대한 견해이다.

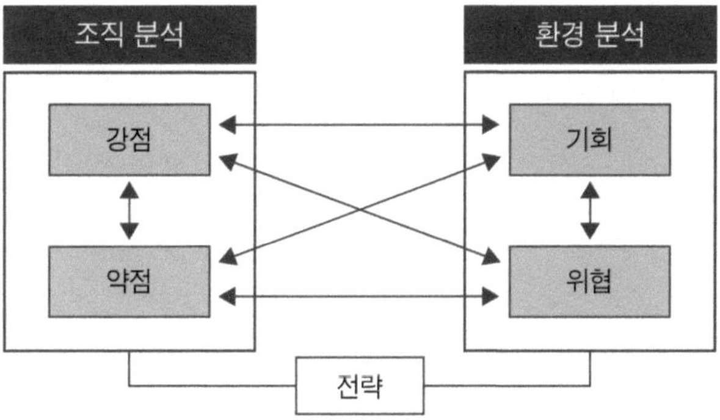

그림 2-2 전략에 대한 적합적 정의(matching definition)

1.2 전략의 배경과 특성

현대사회에서 '전략' 또는 '전략적'이라는 어휘는 기업은 물론 일상생활에서 자주 사용되고 있다. 특히 기업에서 이러한 용어가 빈번하게 사용되게 된 배경에는 다음과 같은 원인과 필요성이 존재하기 때문이다.

- 급변하는 기업환경 속에서 '기업이 어디로 가야 하고, 무엇을 어떻게 해야 하는가'에 대한 명확한 방향설정과 행동지침이 필요하다.
- 기업이 치열한 경쟁에서 생존하고 발전하기 위해서는 보다 효율적이

고 효과적인 경쟁우위 방안을 모색하고, 이를 통해서 경쟁사와 차별화되는 경쟁우위 요소를 지속적으로 보유하는 것은 불가피하다.

- 기업의 경영실패 원인 중 하나가 기업발전 및 향후계획에 대한 명확한 '청사진'을 가지고 있지 못하기 때문이다.
- 기업은 경영자원의 제한 및 한계성으로 인하여 보다 효율적이고 효과적인 자원의 확보와 활용에 대한 장기적인 계획과 방안이 필요하다.
- 기업은 정확히 규정된 사업활동의 범위와 성장의 방향에 대한 구성원들의 이해와 공감 그리고 목적지향적인 활동과 협조가 절대적으로 필요하다.
- 기업은 새로운 기회의 탐색과 창조를 위해 환경분석과 이를 기반으로 지향해야 할 방향 설정 및 주의와 집중을 위한 계획과 방안이 필요하다.
- 기업의 목적을 달성하기 위해 제 자원의 체계적인 배분과 여타의 기능적 역할 및 행동을 통합적으로 규정하는 계획이 필요하다.

오늘날 급격하게 변화하는 산업환경과 치열한 경쟁상황에서 기업은 이에 적응하기 위해서 또는 그보다 앞서 변화해야 하는 것이 불가피하다. 문제의 핵심은 '기업이 어떻게 변화해야 하는 것인가'에 있다. 이것은 기업 전체적으로뿐만 아니라, 하위 부서별로 나아갈 방향과 목표 그리고 그에 따른 세부계획과 해결방안 등과 관련된 문제이다. 또한 기업의 생존과 발전을 위해서도 경쟁우위를 어떻게 갖출 것인가에 대한 문제이기도 하다. 기업은 이러한 문제를 해결하기 위한 중요한 수단과 방법으로 경영전략이나 경쟁전략, 투자전략, 마케팅 전략, 원가우위 전략 등을 개발 및 운영하고 있으며, 앞으로도 이와 유사한 전략적인 사고와 행동은 기업의 성과제고는 물론 경영목표를 달성하는 측면에서 더욱 부각될 것이다.

이처럼 기업에서 전략은 모든 분야와 계층에 두루 필요한 개념이 되고 있다. 그중에서 특히 상위층 경영자의 역할수행을 위한 중요한 개념이자 기능으로 인식되고 있다. 이러한 배경에는 전략이 다음과 같은 특성을 지니고 있기 때문이다.

- 전략은 복잡하고 변화하는 기업의 외부환경에 대해서 보유하고 있는 내부자원을 이용하여 적절히 적응 및 대응하기 위한 장기적이고 광범위한 수단이다. 또한 전략은 여러 가지 경영자원을 필요로 하며 미래의 불확실성을 처리하기 위한 수단과 방법이다.

- 전략을 수립하는 것은 주로 상위계층의 활동이자 책임인 데 반해서 그것의 운영에 대한 역할과 책임은 중간 및 하위계층의 사람들에게 있다. 또한 전략적 경영은 미래지향적이고 장기적인 성격이 강한 반면에 운영적 관리는 이를 기반으로 한 현실적이면서도 단기지향적이다.

- 전략은 경쟁우위를 확보하도록 외적인 기회와 위협 그리고 내적인 강점과 약점에 대한 하나의 반응으로서 장기적으로 유지가 가능한 이점을 얻으려는 노력이다. 그러나 그 어떤 전략도 모든 상황에 적합하지 않으며, 전략은 상황에 따라 변화하고 바뀌어야 한다. 이때 변화를 주도하는 상위계층의 역할이 중요하다.

- 전략은 현재 참여하고 있는 사업이나 장래에 참여하려는 유망한 사업을 선택하는 것으로서 기업의 경쟁적인 활동영역을 명확하게 하는 것이다. 이와 관련하여 기업의 상품과 판매시장은 사업 및 활동영역의 핵심을 이루고 있다.

- 전략은 장기적 목표, 행동계획 및 자원배분의 우선순위 등을 포함한 기업의 기본적인 목적을 결정하고 나타내며 이를 달성하기 위한 수단이다. 이는 기업의 모든 계층별 수준(기업, 사업 및 기능수준)에 직간접적인 영향을 미치는 동시에 파급효과도 크다.

- 전략은 기업이 그의 이해관계자들에게 시도하는 경제적 · 비경제적인 공헌 및 가치창출에 대해 분명하게 나타내기 위함이다.

1.3 전략의 성공요인 및 전제조건

성공적인 전략이 되기 위해서는 (그림 2-3)과 같은 조건을 최대한 전략의 내용에 포함시켜야 한다. 특히 기업의 경쟁력 확보와 이를 통한 지속적인 성장과 발전을 위해서는 이러한 전략적 요인들이 고객중심으로(customer-oriented) 접근되고, 경쟁사에 비교해 경쟁우위를 점할 수 있도록 가치활동(value activities)이나 핵심역량(core competence) 등을 도모하며 기업의 유무형 자산가치를 극대화하는 방향으로 계획되고 실행되어야 한다.

• **고객중심 전략**: 고객에게 제공되는 일체의 물질적 · 심리적 행동이 최상의 만족을 가져다주는 활동으로 이루어지도록 하는 것을 의미하며, 이때 고객은 최종소비자뿐만 아니라 주주, 종업원 등 더욱 폭넓은 대상을 포함할 수 있다.

• **경쟁우위 전략**: 경쟁우위를 위한 전략의 원천은 가치활동과 핵심역량이다. 이때 가치활동이 창조적인 경영활동을 의미한다면, 핵심역량은 기업의 경쟁력 확보에 결정적 역할을 하는 중요한 경영자원이라고 할 수 있다.

• **가치극대화 전략**: 기업의 가치극대화를 위해서는 수익성 제고가 필요하며, 이를 위해서는 효과적이고 효율적인 아이디어와 함께 브랜드나 특허권 등 무형의 자산을 높이는 전략이 필요하다.

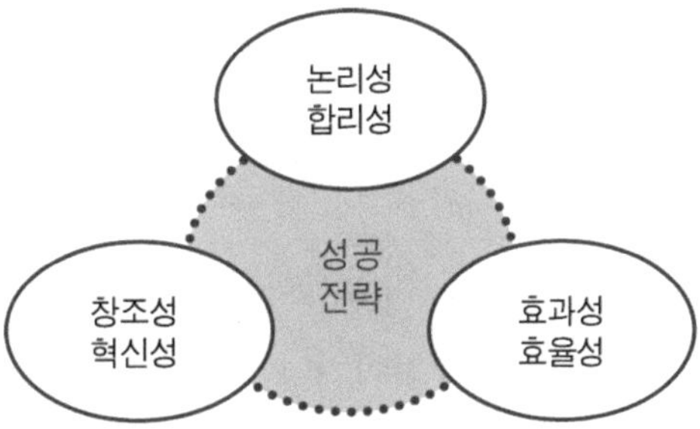

그림 2-3 성공전략을 위한 조건 및 요인

■ 전략은 논리적이고 합리적이어야 한다

성공적인 전략이 되기 위해서는 사실을 객관적으로 관찰하고 정확하게 보는 것이 필요하다. 그리고 객관적인 사실에 기초하고 논리적으로 분석하며, 체계적인 추론이 가능해야 한다. 특히 미래의 불확실성이나 정보 부족으로 인한 어려움을 극복하기 위해서는 문제를 가능한 과학적으로 파악하고 합리적으로 분석하며, 문제해결을 위한 본질에 다가서는 적극적인 자세와 노력이 필요하다. 이와 더불어 현재와 미래의 환경변화를 반영한 논리적인 합리성을 확보하는 것도 중요하다. 이것은 전략수립은 물론 실행계획에 반영하고 추진하는 데 있어서도 마찬가지다. 이를 위해서는 무엇보다 전략이 조직의 내외부 환경에 비추어보아 논리적으로 성립되고 실현가능한 것인지에 대한 전략의 적합성에 대해서 냉정하게 판단하는 것이 필요하다.

■ 전략은 창조적이고 혁신적이어야 한다

전략이 논리적인 합리성을 유지한다 하더라도, 현상에 안주하거나 환경에 단순히 적응하는 차원이라면 바람직하지 않다. 불확실성에 따른 위험이나 불안의 이유로 전략이 소극적이거나 방어적인 차원에서 수립되고 진행된다면, 기업의 미래지향적인 변화와 발전을 기대하기가 사실상 어렵다. 따라서 치열한 경쟁환경을 극복하고 전략의 유효성을 높이기 위해서는 합리성 및 논리성과 더불어 창조성과 혁신성이라는 차별화된 요소를 함께 지니고 있어야 한다. 물론 전략이 해당 조직의 문화나 풍토, 자원 등에 의해서 제약을 받기 때문에 창조적이고 혁신적인 측면에서 현실적인 한계가 있을 수도 있다. 그럼에도 불구하고 성공적인 전략이 되기 위해서는 조직을 창조적으로 혁신시키는 수단으로서의 전략적인 역할과 기능이 필요하다.

■ 전략은 효과적이고 효율적이어야 한다

전략은 목표를 달성하기 위해서 효과성과 효율성을 가진 여러 가지 아이디어나 지혜를 내포하고 있어야 한다. 이때 효과성이란 설정한 목표를 어느 정도 달성하였는가에 대한 것으로서 유효성과 같은 말이다. 따라서 목표에 가장 근접하게 또는 그 이상을 달성할수록 효과성이 높은 전략이다. 이에 대해 효율성은 투입에 대한 산출의 비율을 말하는 것으로서 투입(비용)에 비해 산출(성과)이 높을 때 효율적인 전략이 된다. 이러한 관점에서 전략의 효율성은 자원의 활용도와, 전략의 효과성은 목표의 달성도와 관련이 있다고 볼 수 있다. 따라서 성공적인 전략이 되기 위해서는 효과적인 동시에 효율적인 요소를 함께 지니고 있어야 한다.

이상에서 언급된 요인 및 조건들은 전략수립과 실행과정에서 서로 간에 긴장의 관계를 발생시키거나 심지어는 모순의 관계가 있을 수 있다. 이러한 문제점을 해결하기 위한 최선의 방법은 전략을 수립하는 과정에 있어 해당 조건들을 높은 수준으로 융합시켜 성공에 이르게 하는 보다 종합적이고 통합적인 의사결정이 필요하다. 또한 전략을 실행하는 과정에 구성원들과의 적극적인 소통과 협력, 강력한 추진력을 지닌 리더십 등을 보이는 것이 중요하다.

1.4 전략 관련 유사용어

1.4.1 정책과 경영정책

정책(policy)란 용어는 경영학 문헌에서 의미의 일치를 보이지 못하고 매우 혼란스럽게 사용되고 있다. 예를 들어 독일에서는 기업의 정책(politik)을 경영전략(Betriebsstrategie)에 선행하는 기업의 이념이나 목적까지 포함하는 비교적 광범위한 개념으로 사용하고 있다. 그러나 미국에서는 정책을 독일과 같은 개념으로 정의하기도 하지만, 대부분은 방책이나 방침에 해당되는 것으로 앞서 언급한 정책 및 전략의 하위개념으로 이해하는 학자들이 많다. 이와 비슷한 관점에서 일본의 야마모토 교수 등은 정책이 과거나 현재가 아니라 미래에 관계하면서 가치와 이상에 관련된 주관적인 가치판단의 목적적인 성격을 갖는 광범위한 개념인 데 반해서, 방책(방침)은 이보다 하위의 단기적인 것에 관련된 객관적인 사실 판단에 근거한 수단적인 성격을 갖는다고 주장하였다. 따라서 정책과 전략(policy and strategy)의 순으로 논리를 전개하는 경우는 정책이 전략에 선행하는 포괄적인 개념으로 이해되지만, 전략과 정책 또는 방침(strategy and policy)의 경우에는 그와 반대되는 개념으로 정의하는 것을 뜻한다. 이처럼 정책(policy)와 전략(strategy)은 상호의존적이고 실제로 불가분의 관계에 있으면서도 논자에 따라 상이한 개념으로 이해 및 사용되는 어휘로 이해할 수 있다.

표 2-5 정책에 대한 학자들의 정의

- 정책은 그 속에서 목적이 설정되고, 전략이 결정, 수정, 통제되는 범위를 규정하는 지침을 제공한다.(G. Boseman & A. Phatak, Strategic Management)
- 정책은 어떠한 전략적 대체안이 바람직한가를 결정함에 사용되는데, 이것은 전략을 수행하기 위한 지침이다.(B.V. Rowe et als., Strategic Management)
- 정책이란 목적이 수립되고, 전략이 선택, 수행되는 틀에 대한 광범위하고 일반적인 행동지침이다.(J.A. Pearce & R.B. Robinson, Strategic Management)
- 정책이란 사고와 행동의 지침으로서 의사결정의 영역을 한정하고, 의사결정이 목적과 일치하는지를 확인한다.(R.M. Hodgetts & D.F. Kuratko, Management)
- 정책이란 전략적 계획화에 관련된 개념으로서 전략을 수행하기 위해 사용된다.(J.L. Massie & J. Douglas, Managing)

본서에서는 정책을 방침이나 지침이 아니라, 기업의 이념이나 목적까지 포함하는 개념으로 이해하고자 한다. 즉 정책을 전략보다 포괄적이고 상위의 개념으로 보는 관점에 있다. 따라서 이들은 다음과 같은 특성을 중심으로 서로 간의 관계와 차이점을 파악하고 구분할 수 있다.

- 정책은 내용(content)과 관련된 무엇(what)에, 전략은 과정(process)과 관련된 어떻게(how)에 대한 것에 초점을 두고 있다. 따라서 전략은 정책을 보다 구체화하는 행동적인 측면을 강조한다.

- 정책은 비교적 포괄적이고 전체적이며 장기적이고 정태적인 반면, 전략은 개별적이고 프로젝트적이며 단기적이고 동태적인 특성을 지니고 있다. 이로 인해서 전략은 환경변화에 대해 대응한다는 측면에서 정책보다 그 역할과 중요성이 부각된다.

- 정책수립은 조직 전체에 대한 전반적인 목적과 방향을 설정하기 위함이고, 전략수립은 정책과 일치하고 정책을 펴나갈 수 있는 방안을 개발하기 위함이다. 그리고 계획수립은 설정한 전략을 실행하기 위해서 필요한 전술적이고 구체적인 방안을 마련하는 것이다. 즉 이들은 '정책 → 전략 → 계획(전술)'의 과정을 밟는다.

- 경영정책의 문제는 주로 효과성(effectiveness)에, 경영전략의 문제는 효율성(efficiency)에 관련되어 있다. 따라서 정책과 전략은 경영성과를 제고하기 위해서 상호보완적으로 작용되어야 한다.

- 경영정책은 최고경영층에 의해 기업의 궁극적인 목적과 사명을 규정하고 이를 달성하기 위해 나아갈 기본적인 방향을 결정한 것이며, 경영전략은 이러한 정책을 수행하기 위한 수단이 된다. 즉 전자는 목적이고 후자는 수단이며, 정책은 전략으로 구체화된다고 말할 수 있다.

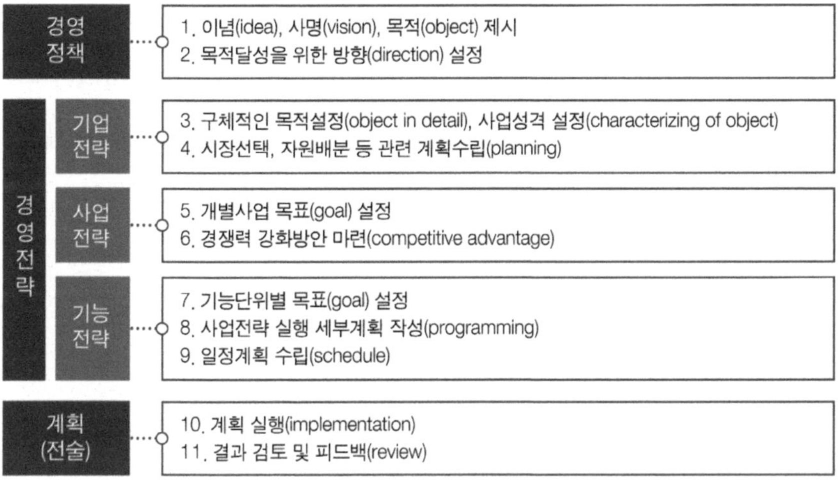

그림 2-4 경영정책과 전략의 업무흐름상의 차이

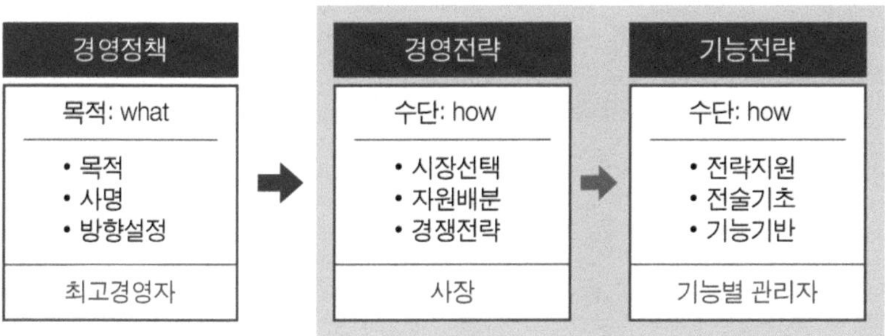

그림 2-5 경영정책과 경영전략 간의 관계

1.4.2 전술과 경영전술

전략(strategy)과 전술(tactics)은 기업의 성과를 달성하는 과정에 있어 매우 중요한 요소로 작용하기 때문에 경영현장에서 흔히 사용되는 용어이다.

일반적으로 전략과 전술은 거의 똑같은 의미로 사용되는 경우가 대부분이지만, 좀 더 주의 깊게 살펴보면 사실상 중요한 차이가 있다. 이러한 차이점은 기업경영을 하는 차원에서 명백히 파악되고 인식할 필요가 있다.

전술 및 경영전술의 개념을 정확히 파악하고 이해하기 위해서는 앞서 언급된 전략과 비교해 살펴보는 것이 비교적 쉽고 유익하다. 따라서 이들 간의 관계와 차이점은 첫째, 전략이 상위개념인 데 비해 전술은 하위개념이라는 데 있다. 둘째, 전략이 조직의 목적을 달성하는 데 비중을 두는 데 비해서, 전술은 전략적 목적을 달성하기 위해 일정기간 동안 특정부분의 목표 달성에 비중을 둔다. 셋째, 의사결정이 이루어지는 수준과 적용되는 범위를 볼 때, 전략은 최고경영층에서 조직 전체의 범위를 대상으로 하는 데 반해, 전술은 주로 일상적인 업무를 수행하는 계층에서 하부단위 조직을 대상으로 이루어진다. 이외에도 이들은 연속선(continuum)상의 어느 영역에 있는 상대적인 개념이며, 다음과 같은 관련성이 있기도 하지만 차이점도 있다.

- 전략은 비교적 장기간에 다소의 변화에 흔들림 없이 일관되게 추진하는 방침의 성격이 강한 데 반해, 전술은 주로 관리기술에 의해 상황에 맞추어 단기간에 진행하는 임기응변적인 대응의 특성이 강하다.

- 전략은 내용상 비교적 추상적이며 주로 새로운 경영자원을 활용하려는 측면이 강한 데 반해, 전술은 보다 구체적이며 기존의 경영자원을 최대한 이용하려고 한다.

- 전략이 목적이라면 전술은 목적달성을 위한 구체적인 수단 및 방법이 되며, 이러한 관계에서 전자가 후자보다 강한 위력을 지니고 있다.

- 전략과 전술은 환경변화에 대응한다는 차원에서 같으나, 전략은 조직 생태학에서 말하는 적응(adaptation)을 의미하는 구조적인 변혁을, 전술은 구조적인 변혁을 하지 않으면서 순응(accommodation)하는 것을 의미한다.

표 2-6 전략과 전술의 비교

구분	시간	공간	고려 단계	주요 변수	특징
전략	장기적	global	전략의 설정	경제적 · 기술적 변수	합리적 · 개념적
전술	단기적	local	전략의 실천	사회적 · 정치적 변수	행동적

구분	전략	전술
행위차원	고차원에서 포괄적 활용	저차원에서 부분적 활용
규칙성	계속, 불규칙적인 이중성격	시한 및 규칙적 성격
주도성	경영자의 절대적 비중	경영자의 절대적 비중 축소
불확실성	예측 · 기대 · 감소 · 배제 불능 (예측 불능으로 크게 나타남)	예측 · 기대 · 감소 · 배제 가능 (예측 가능하여 적게 나타남)
문제성질	비구조적, 비반복적 경향	구조적이면서 반복적 경향
정보요구	포괄적 다양한 정보가 필연적	대내적이고 구체적인 자료 요구
시간범위	거시적이고 원시적 장기적이고 계속적	미시적이고 근시적 단기적이고 한정적

구분	전략	전술
세부항목	개괄적이면서 포괄적 관점	구체적이면서 부분적 관점
인적 참여	공식적이고 개별적 개입 (최고경영층과 전문스태프)	능률적이고 집단적 개입 (관리자와 종업원)
평가 용이성	장기 중시, 측정 · 평가 난이 (특수행동 측정과 평가)	단기 중시, 비교적 평가용이 (행동의 효율성과 능률성)
관점	협동적 관심의 공식화	기능적 관심의 개발 원칙
중요성	포괄적 성격에 따라 핵심내용 강조(중요성 높음)	부문적 성격에 따라 내용의 일반화(중요성 낮음)

한편 의사결정의 상황이나 관점에 따라 같은 내용의 의사결정이라도 전략적인 성격을 띨 수 있고 전술적인 성격을 지닐 수 있다. 예를 들어 기업의 판촉활동은 산업이나 제품 선정과 같은 전략적인 의사결정에 비하면 전술적인 의사결정에 불과하다. 그러나 만약 주어진 제품시장을 확대할 목적에서 본다면 판촉활동도 매우 중요한 전략적인 의사결정에 해당된다. 왜냐하면 판촉활동을 전개하는 데 있어 각종 세부적인 광고매체의 결정 등을 전략적 판촉활동에 종속된 전술적인 의사결정으로 볼 수 있기 때문이다. 따라서 의사결정에 있어 전략과 전술은 어디까지나 상대적인 개념으로 볼 수 있다. 다시 말해서 어떠한 의사결정이 더 중요한지, 특히 성과상의 중요성을 중심으로 의사결정의 우선순위를 인식하는 데 전략과 전술의 의의가 있다고 할 수 있다.

전략과 관리의 비교

경영과 관련된 전략(strategy)과 관리(management)는 기업의 목적달성 및 성과제고를 위해 불가피한 것으로 이자와 교수 등은 전략과 관리의 차이점을 다음과 같이 설명하고 있다.

- 관리는 현재의 경영자원을 조건 및 기반으로 해서 생산-판매-재무의 순환과정에 의해 당면한 이윤의 극대화를 기함을 명제로 한다. 다시 말해서 관리는 지니고 있는 자원과 능력을 최적으로 이용하는 것을 본질로 한다. 따라서 관리란 현재의 경영자원과 활동능력을 전제로 하여, 이의 최적화된 이용과 능률적인 활동을 함으로써 당면한 이익을 가능한 극대화하는 것을 목적으로 한다.

- 이에 대해서 전략은 환경에 적합하도록 지니고 있는 자원의 재배분 또는 새로운 자원을 투입하여 이후의 경영활동을 위한 기반과 능력을 설정함을 명제로 한다. 즉 이것은 '기업이 환경에 적합하도록 장래의 경영활동을 어떻게 할 것인가'에 관련된 것이며, 이를 위한 경영자원의 재배분을 어떻게 할 것인가 등 말하자면, 장래의 활동에 필요한 준비에 중점을 두고 있다.

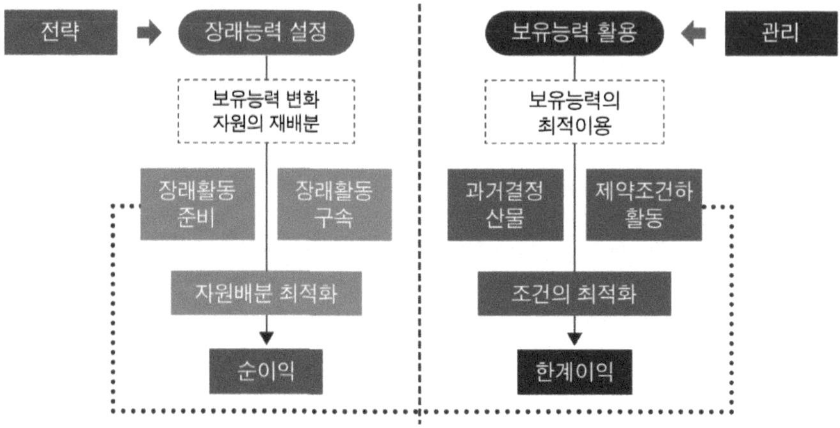

그림 2-6 전략과 관리의 차이점

한마디로 요약해서 전략은 (그림 2-6)과 같이 효과에 초점을 둔 외적인 지향성을 지니는 데 반해서, 관리는 능률에 초점을 둔 내적 지향성을 지닌다. 이로써 전략적 경영은 '옳은 일을 한다(doing the right things)'는 의미로 조직 상위계층의 주된 기능이자 장기적인 미래의 문제를 다루는 것이라면, 운영적 관리는 '일을 올바르게 한다(doing things right)'에 초점을 두고 중간층 이하의 기능으로 주로 단기적인 오늘의 문제를 다룬다고 말할 수 있다.

2. 경영전략

2.1 경영전략이란

경영전략과 전략경영의 용어는 일반적으로 같거나 비슷한 개념으로 사용하고 있다. 그럼에도 불구하고 여기서 언급되고 있는 전략의 개념은 '전략을 경영 및 논의한다'라는 의미의 '전략경영(strategy management)'이 아니라, 이와는 구분되는 '경영을 전략적으로 실시한다'라는 '전략적 경영(strategic management)'의 의미로서의 경영전략을 말한다. 기업과 관련한 이러한 전략적 경영 및 경영전략은 경쟁적인 상황에서 기업의 목표를 달성하기 위해 고안된 계획들을 입안하고 실천하기 위한 의사결정 및 행위들의 집합으로 이해할 수 있다. 또는 기업의 미래 방향을 결정하고, 기업의 중장기 목표를 달성하기 위해 내려진 방안 및 의사결정들을 실천하는 것으로 설명할 수 있다. 이외에도 경영전략에 대한 개념과 내용은 다음과 같은 학자들의 다양한 정의를 통해서 설명 및 이해할 수 있다.

표 2-7 경영전략에 대한 학자들의 정의

- 기업이 전략을 선택하고 실행하는 과정이다.(J.B. Barney, Gaining and Sustaining Competitive Advantage)
- 기업의 목적을 달성하도록 돕는 효과적인 전략의 개발에 이르는 일련의 의사결정과 행동과정이다.(L.R. Jauch & W.F. Glueck, Business Policy and Strategic Management)
- 조직과 환경과의 관계를 관리함과 동시에, 조직의 미션 추구를 관리하는 과정이다.(J.M. Higgins, Organizational Policy and Strategic Management)
- 현재와 미래의 환경분석과 조직목표의 설정뿐만 아니라, 현재 및 미래의 환경에서 이러한 목표를 달성하기 위해 의사결정을 하고, 이를 실행하며 통제하는 등의 과정이다.(G.D. Smith et als., Business Strategy and Policy)
- 강점을 이용하고 약점을 회피하는 동시에 위협을 중화하고 기회를 활용하는 전략을 선택하고 실행은 과정이다.(J.B. Barney, Gaining and Sustaining Competitive Advantage)
- 조직의 목표에 따라 조직과 환경의 관계를 결정하고, 조직과 하위부서가 효과적이고 효율적인 행동을 할 수 있도록 자원을 할당하여, 이들 간에 바람직한 관계가 달성되도록 노력하는 과정이다.(D.E. Schendel & C.W Hofer, Strategic Management)
- 한마디로 '어떻게 하면 경쟁자에 비해 경쟁우위를 가질 것인가' 하는 문제이다.(K. Ohmae, The Mind of the Strategist)

이들 학자들의 정의를 종합적으로 볼 때, 경영전략이란 기업의 목적을 설정하고 이를 달성하기 위한 수단으로 자원을 동원시키는 통합적이고 종합적인 계획인 전략에 대한 의사결정이자 실천과정으로 이해할 수 있다. 따라서 경영전략의 주된 관심사는 경영의 중하위 계층에서 일상적으로 반복되는 의사결정이 아니라, 주로 기업의 경영환경에 대한 관계설정과 관련된 상위계층의 의사결정임을 알 수 있다. 이외에도 경영상 다음과 같은 내용을 지닌 경우에는 전략적 의사결정, 즉 경영전략의 대상이라 할 수 있다.

- **최고경영층의 참여:** 전략적 의사결정은 기업 내 여러 부문에 관련되어 있기 때문에 전사적인 안목과 자원배분의 권한을 가진 최고경영자의 의사결정이 요구된다.

- **대규모 자원의 동원과 배분:** 전략적 의사결정은 장기적인 관점에서의 투자를 필요로 하며, 이때 대규모의 자본 및 인적·물적 자산의 동원과 배분상의 문제가 발생한다.

- **장기적인 파급효과:** 전략적 의사결정은 주로 장기적인 투자문제를 다루며, 투자결과는 장기간에 걸쳐 기업에 영향을 미친다.

- **미래지향적인 사고:** 전략적 의사결정은 현재의 지식과 정보보다, 미래에 대한 예측과 판단에 기초하여 이루어진다.

- **경영기능 및 사업단위에 대한 영향:** 전략적 의사결정은 기업 내 각 부문들과 복잡한 관계를 가지며, 자원 및 책임의 재분배라는 측면에서 전반적으로 중요한 영향을 미친다.

- **경영환경에 대한 대응:** 전략적 의사결정은 경쟁자, 소비자, 공급자, 정부 등 외부로부터의 영향에 대해서 내부자원을 통해 효과적이고 효율적으로 대응하는 것을 주된 과제로 한다.

이러한 전략적 의사결정은 대부분 기업전략으로 표현되며, 최고경영층에 의해 기업 전체적인 차원에서 이루어진다. 그러나 전략적 의사결정을 경영의 세분화된 기능적인 차원에서 볼 때, 다시 말해서 생산, 마케팅, 인사, 재무 등 업무분야에서의 기능적인 의사결정이 이루어지는 경우에는 기능전략으로서 생산전략, 마케팅전략, 인사전략 등으로 표현할 수 있다. 그 밖에도 기업이 다각화된 경우에 각각의 사업부 차원에서 이루어지는 관리적인 의사결정을 사업전략으로 설명할 수 있다.

2.2 경영전략의 특성과 의의

경영전략을 보다 정확히 이해하려면 무엇보다 '전략적 의사결정이 어떠한 내용으로 구성되어 있고, 어떠한 것들이 전략적 의사결정인가'에 대해 구체적으로 살펴볼 필요가 있다. 이러한 관점에서 볼 때, 경영전략에 대해 다음과 같은 몇 가지 특성을 발견할 수 있다.

- 경영전략은 전략적 사고(strategic thinking)와 계획(planning) 그리고 실행(implementing)의 진행적인 과정을 내포하고 있으며, 이들 간에는

서로 밀접한 관계를 유지하며 지속적인 피드백의 과정이 이루어진다.

- 경영전략은 미래를 다루는 미래지향성을 지니며 장기적 관점에서 목적을 설정하고, 이를 달성하기 위한 수단으로서 계획을 수립한다.
- 경영전략은 최고경영자의 주체적인 의지가 반영되어 있으며, 목적달성을 위한 모든 경영기능에 적용되는 의사결정과 행동에 대해서 통합적인 영향을 미친다.
- 경영전략은 무엇보다도 불안정하고 급변하는 환경에 적절하고도 탄력적으로 기업을 유지하고 관리하고자 하는 환경적응론적인 관점에 초점을 두고 있다.

이처럼 경영전략은 기업으로 하여금 환경변화에 대한 적절한 대응은 물론, 자원의 합리적인 배분과 활용, 나아가 경영성과 제고를 위한 최적의 방안을 모색하며 문제를 사전에 예방할 수 있는 역량을 갖추게 한다. 또한 체계적이고 논리적인 사고를 기반으로 구성원 모두에게 '무엇을 위해 노력하고 어떻게 달성해야 하는지'에 대한 명확한 방향과 지침을 제공한다. 그 밖에도 경영전략은 다음과 같은 의의와 시사점을 제공한다.

- 조직의 모든 부서 및 구성원들이 같은 목적을 향하도록 함으로써 그들 간에 발생할 수 있는 사고와 행동의 폭과 중복을 줄여준다.
- 경영환경의 중요성을 인식하게 하고 환경변화에 능동적으로 대응할 수 있는 수단을 제공한다.
- 전략의 수립과정에 구성원들을 참여시킴으로써 불필요한 오해나 저항

의 감소, 의사소통과 정보공유, 몰입과 동기부여 등에 의한 전략의 실효성 제고에 긍정적인 역할을 한다.

2.3 경영전략의 전개과정

경영전략은 전략의 형성뿐만 아니라, 전략의 실행과 평가 등 전략을 전개하고 수행하면서 전략적 목표를 달성시키는 총괄적인 과정을 포함하고 있다. 다시 말해서 전략을 형성하기 위해서는 경영환경에 대한 분석(전략분석)이 필요하며, 이러한 과정이 전략수립의 과정이다. 그리고 형성된 전략을 실행하고, 그 결과를 평가하는 과정이 전략실천의 과정이다. 이들 과정은 서로 밀접하게 연결된 연속적이고 반복적이며 주로 상위 경영층의 직무에 내재되어 있다.

- **전략수립 과정**: 기업의 외부 · 내부 환경을 분석하여 적절한 전략을 형성하는 과정
- **전략실천 과정**: 형성된 전략이 제대로 실천되도록 적절한 조직구조, 통제시스템 등을 설계하는 과정

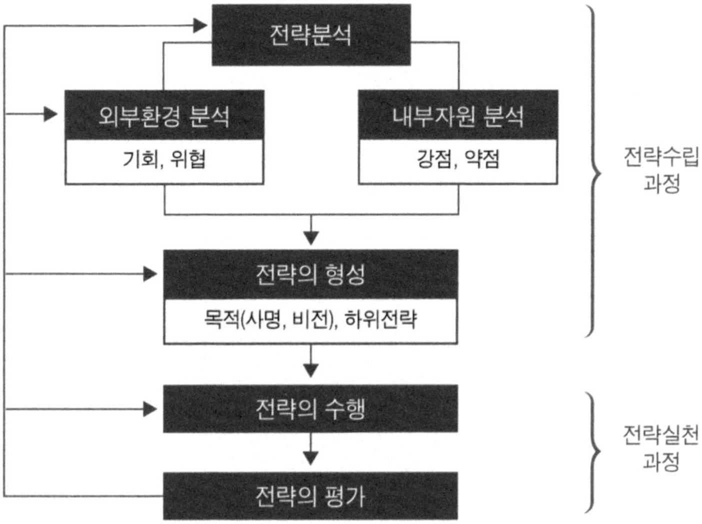

그림 2-7 경영전략의 전개과정

이처럼 경영전략은 기업외부로부터 환경적인 기회 · 위협과 기업내부로부터 경영자원적인 강점 · 약점을 적합시키는 과정 및 수립한 전략을 실제로 실천하는 과정을 포함하고 있다. 또한 경쟁우위의 원천이 궁극적으로 외부환경의 조건과 내부자원의 여건 모두에 존재함을 강조하며, 구성원들의 전략적인 사고와 행동을 위한 기본적인 틀을 제공한다는 측면에서 의미가 크다.

2.3.1 전략수립의 과정

전략을 형성하기 위해서는 앞서 언급한 바와 같이 기업의 내외부 환경

분석을 기반으로 전략적인 목적을 설정하고, 이를 달성하기 위한 하위전략과 주요 경영방침을 수립해야 한다.

[기업의 환경분석]

기업이 생존하고 발전하기 위해서는 환경변화에 적절히 대응할 수 있는 유기체적인 시스템을 갖추어야 한다. 이러한 관점에서 경영전략의 사고와 행동의 출발점은 '기업이 어떠한 상황에 처했는가'에 대한 정확한 파악과 분석에 있다. 상황파악과 분석은 기업의 외부환경으로부터 기회와 위협에 대해, 그리고 기업의 경영자원에 대한 강점과 약점에 대해 중점적으로 이루어져야 한다. 전략은 이러한 환경분석의 결과 및 파악된 문제점을 해결하는 수단으로 작용한다.

[전략적 목적 설정]

전략을 형성하는 데 있어 가장 중요한 결정은 전략적 목적(strategic objectives)을 설정하는 것이다. 기업의 전략적 목적은 업종과 제품을 선정하는 것으로 '기업이 무엇을 할 것인가'를 결정하는 것이다. 이러한 목적은 기업의 외부환경 분석에 따른 사업기회와 위협, 기업내부의 경영자원분석을 통한 강점과 약점 그리고 최고경영층의 개인적인 이념과 가치관 등의 요소들에 의해 영향을 받는다.

[기업의 사명과 비전 수립]

전략적 목적을 설정하는 과정에 있어 자연스럽게 기업이 장기적으로 추구하는 사명(mission)과 기업이 달성하고자 하는 바람직한 결과로서 비전(vision)이 형성된다. 왜냐하면 기업의 업종과 사업 그리고 제품을 결정하는 전략적 목적이 곧 기업이 추구해야 할 사명을 결정하는 내용과 유사하거나 같기 때문이다. 또한 기업이 추구하는 가치와 경영방향 그리고 전략적 목적을 통해서 기대하는 결과를 구성원들에게 명백하게 제시하는 것이 기업의 비전으로 나타나기 때문이다. 이에 대한 사례로써 타임엑스(timex)의 렘쿨(Lehmkuhl) 회장의 경우, 손목시계 사업을 전략적 목적으로 하면서 "손목시계가 값비싼 귀중품이 아니라 누구나 즐길 수 있는 소모품으로 바꾸겠다" 라는 사명감과 이를 위해서 "1달러짜리 값싼 손목시계를 개발하겠다" 는 비전을 제시하고, 이를 강력하게 추진함으로써 사업을 성공적으로 이끌 수 있었다.

[하위전략의 수립]

전략적 목적은 기업의 사업과 제품 등 기업의 전체적인 성격과 장기적인 방향을 결정하는 기본전략이다. 이에 대해 하위전략은 이러한 전반적인 목적을 구체적인 전략으로 개념화시킨 것으로서 제품과 시장에 대한 전략 및 방침, 시장경쟁에 대한 전략, 자원배분과 자금관리에 대한 방침 등 다양한 측면을 포함하고 있다.

• **제품과 시장전략**: 이것은 기업의 제품-시장범위(product-market scope)에 관한 전략과 방침으로써 '어떠한 고객과 지역(시장)을 대상으로 사업을 전개할 것인지'에 대한 전략적인 의사결정을 뜻한다. 기업의 사업성격을 명백하게 하는 중요한 경영전략이다.

• **시장경쟁 전략**: 이것은 기업 핵심능력의 동원전략과 경쟁적 우위전략을 뜻한다. 핵심능력 또는 핵심역량(core competence)은 경영성과에 결정적으로 기여하는 기술(skills and technologies)의 총합으로서 해당 업종(산업)에 중요한 역할을 수행하며 희소한 가치를 제공할 수 있어야 한다. 이러한 핵심능력을 어떻게 동원할 것인가에 대한 구체적인 방침이 시장경쟁 전략이다. 이에 대해 경쟁적 우위전략은 경쟁사에 비해 비용이나 원가 측면에서 우위에 있거나, 독특한 실력과 특징을 기반으로 차별화 측면에서의 우위를 점하거나 또는 특정시장을 대상으로 집중화하여 경쟁적 우위를 확보하는 구체적인 전략을 의미한다.

• **자원배분과 자금관리 전략**: 하위전략의 또 하나의 중요한 측면은 인력과 자금 그리고 기술과 시설 등 '경영자원을 어떻게 조달하고, 어디에 중점적으로 투입하여 전략적인 목적을 효과적이고 효율적으로 달성하느냐'에 관한 자원배분(resource allocation)의 문제이다. 이러한 전략적 자원배분은 전략의 실행은 물론, 경영성과에도 적지 않은 영향을 미치기 때문에 전략수립의 과정에서 매우 중요한 의미를 지닌다.

2.3.2 전략실천의 과정

전략이 실제로 전개되기 위해서는 조직내부의 요건, 즉 조직구조와 관리기능의 체계, 행동계획과 통제체계, 정보시스템 등이 설계되어야 한다. 그리고 의도한 경영성과를 창출하기 위한 경영관리자의 적절한 리더십과 관리행동도 함께 조성되어야 한다. 이러한 전략의 실천은 주로 중간과 하부관리 계층에서 실행된다.

[조직구조와 관리기능 설계]

전략실천을 위한 첫째 요건은 전략적 목적과 하위전략이 효율적이고 효과적으로 수행될 수 있도록 조직구조를 설계하고, 조직 각 계층의 관리기능을 설정하는 것이다. 기업의 조직구조는 전략수행에 최대한 적합하도록 설계됨으로써 전략적 목적을 원활하게 달성할 수 있어야 한다. 또한 조직구조의 설계와 함께 각 부문조직과 기능 그리고 모든 직무의 과업과 권한(책임)도 설정되어야 한다. 이때 기업의 환경과 전략에 적합한 조직구조와 부분조직의 기능, 직무내용 등을 설계하는 것이 중요하다. 일반적으로 기업의 환경이 급변할수록 유기적이고 탄력적인 조직구조와 직무구조 그리고 분권적인 경영체계가 설계되지만, 기업환경이 예측가능하고 안정적일 경우에는 기능적인 조직구조와 명백한 직무구조, 통제적이고 집권적인 경영체계가 설계되는 경향이 강하다.

[행동계획과 통제체계 설계]

전략실천을 위해 또 하나의 중요한 과정은 전략적 목적과 전략 및 하위 전략이 조직내부의 모든 부문조직과 구성원들 각자의 직무와 체계적으로 연결되고, 구체적인 과업목표와 행동계획으로 명백히 전달되고 이해되도록 하는 것이다. 그리고 이러한 전략적 계획과 함께 전략적 목적이 실제로 성과를 거두는지를 측정하는 평가 및 통제시스템도 설계되어야 한다. 이때 통제시스템은 구체적인 성과지표와 연계하여 전략수행에 대한 상황을 주기적으로 측정 및 파악하고, 이를 모든 관련 구성원들에게 적시에 알려줌으로써 전략적 목적이 계획대로 이루어질 수 있도록 해야 한다.

[정보시스템 설계]

경영전략의 과정에서 필수적인 사안은 필요한 정보가 적시적소에 산출 및 제공되게 하는 것이다. 다시 말해서 전략의 형성과 수행 그리고 평가의 과정에 있어 정보지원을 원활하게 하는 정보시스템을 구축하는 것이 필요하다. 특히 기업의 환경변화가 심하고 경영이 복잡해질수록 이러한 정보시스템의 중요성과 역할이 커진다. 그 밖에도 정보시스템의 설계에 있어 컴퓨터와 멀티미디어 통신, 사무자동화 등과 연계된 각종 IT · 정보기술은 중요한 전략적 자원이 된다.

[리더십과 관리행동 조성]

이상에서 설명한 경영전략을 위한 구조적인 요건은 경영자들을 포함한 모든 구성원들이 실제로 전략을 집행하는 과정에서 그 효과가 나타난다. 이는 전략실행을 위한 구조적인 요건과 경영전략의 성과가 경영자들의 리더십과 관리행동으로부터 적지 않은 영향을 받는다는 것을 의미한다. 따라서 '경영자의 역할과 리더십을 어떻게 할 것인가'에 대한 것도 경영전략의 전개 및 의도한 목적을 달성하는 데 있어 신중히 결정해야 하는 과제이다.

[전략수행의 평가]

경영전략을 전개하는 과정의 마지막 단계인 경영전략의 평가는 환경분석의 결과를 토대로 전략적 목적이 형성되고 그것이 하위전략과 적절하게 연계되었는지, 전략의 전개과정에서 전략의 내용이 구성원들 모두에게 명백하게 전달되고, 목적달성을 위한 조직구조와 관리체계가 목적지향적으로 설계되었는지, 경영자들의 역할과 리더십이 의도한 대로 조성되었는지 등 경영전략의 전개과정 전반에 걸친 점검과 평가를 의미한다. 이러한 평가는 단순히 사후적인 평가만이 아니라, 전략의 수행과정을 주기적으로 점검하는 것으로써 전략적 목적의 달성 및 성과창출을 위해 필요한 부분에 대한 적절한 수정과 보완의 방안을 제공할 수 있어야 한다.

2.4 경영전략의 구분과 종류

여러 가지 서로 다른 사업을 동시에 수행하는 대기업(그룹)의 경우, 경영전략은 의사결정이 이루어지는 기업내부의 전사적 · 사업부 · 기능별 수준 및 계층에 따라 기업전략, 사업전략 그리고 기능전략으로 구분할 수 있다.

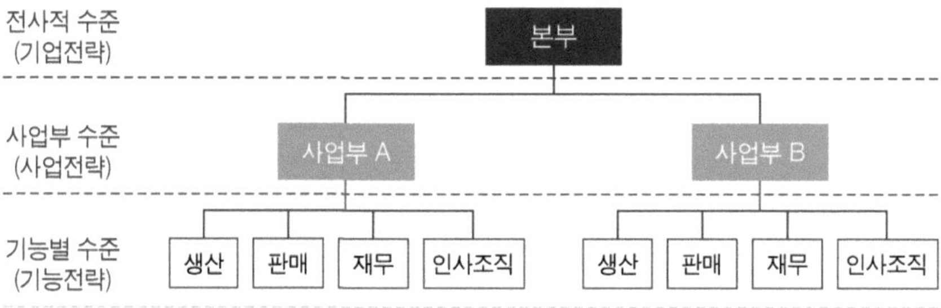

그림 2-8 경영전략의 수준 및 종류

2.4.1 전사적 수준의 전략

전사적 수준(corporate level)의 경영전략은 기업 전체에 대한 책임과 역할을 맡고 있는 최고경영층(본부)에 의해 이루어진다. 기업전략(corporate strategy)이라고 할 수 있는 이러한 전략은 기업 전체가 나아갈 방향을 결정짓는 중요한 문제로서 사업의 성장 및 확장을 추구할 것인가, 성장보다 안정을 추구하며 내부를 정리 · 정돈할 것인가 또는 사업을 축소할 것인가를 결정한다. 그러다 보니 전사적 수준에서의 경영전략은 주로 기업의 전반적인 비전과 목적을 설정하고, 어떤 사업에 참여하며, 어떻게 사업부들 간에 자원을 배분할 것인가 등과 관련된 기업환경에 대한 분석, 새로운 사업영역의 선택, 성장의 우선순위 결정, 자본조달의 방안 및 투자정책 마련 등에 대한 문제들을 다루게 된다.

이러한 전사적 전략(기업전략)은 한마디로 말해서 '우리는 어떤 사업에 참여하여야 하는가'라는 물음에 대답하는 일이라고 볼 수 있다. 이와 같은 전략 및 문제는 기업 전체적인 관점과 보다 장기적인 시야를 필요로 하며, 잠재적인 수익성이 높은 반면에 위험부담 또한 큰 것이 특징이다. 따라서 전사적 전략에 대한 의사결정은 일반적으로 최고경영자가 스태프의 도움을 받아 결정하거나 이사회의 결의를 통해 결정된다. 예를 들어 다각화(diversification) 전략은 전사적 수준의 대표적인 기업전략이라 할 수 있다.

2.4.2 사업부 수준의 전략

사업부 수준(business level)의 전략은 개별사업부 안에서 이루어지는 사업전략(corporate strategy)을 말한다. 따라서 단일사업을 하는 기업의 경우에는 사업전략이 곧 기업전략과 같은 것이다. 그러나 다각화된 기업의 경우에 사업전략은 기업전략에서 결정한 각각의 사업영역에서 '어떻게 경쟁할 것인가'를 결정하는 것이기 때문에 흔히 경쟁전략(competitive strategy)이라고도 한다.

사업전략의 배경 및 필요성은 특정산업 및 시장마다 서로 다른 경쟁자와 대면하기 때문에 획일적인 전략으로 각각의 사업단위(business unit)나

사업부(business division)에 동일하게 적용할 수 없기 때문이다. 즉 전사적 수준에서의 전략이 기업 전체적인 관점에서 사업의 균형을 이루는 데 주안점을 두는 것에 반해, 사업부 수준의 전략은 특정 사업에 국한된 전략적인 의사결정을 주요 내용으로 하기 때문이다. 이것은 전사적 수준에서 결정된 전략적인 방향과 목표에 입각하여 개별사업의 영위에 필요하고 적합한 구체적이고 차별화된 전략을 결정한다는 것과 같은 의미이다. 따라서 미리 정해진 사업영역 안에서 '어떻게 경쟁사들에 대해 효과적으로 경쟁해 나갈 것인가'가 사업전략의 핵심이라고 할 수 있다. 이러한 사업부 수준의 전략에 대한 의사결정은 주로 시장세분화, 유통채널, 원가구조, 공장입지 등과 같이 기업전략에 비해 상대적으로 구체적이고 경쟁우위의 확보와 직접적으로 관련된 것이 대부분이다.

전략의 정확성 · 정합성 · 유효성 방안

가장 상위를 차지하는 기업의 비전이나 목적이 최고경영자의 의지나 구성원들이 이루고자 하는 꿈을 나타내는 것이라면, 시간이 지나감에 따라서 이것이 기업의 현실적인 상황과 차이가 나는 것은 당연하다. 흔히 이러한 차이와 문제점을 줄이는 수단 및 방안으로서 전략을 생각해 볼 수 있다. 그러나 문제는 '전략의 정확성을 어떻게 확보하느냐'는 것이다. 이에 대한 주요 해결방안은 시장경쟁의 현실을 지속적으로 파악하는 것과 이를 반영한 기업전략과 경쟁우위의 사업전략을 마련하는 것이다. 나아가 경영성과에 대한 전략의 정합성을 위해서는 기업전략과 사업전략의 상호조정을 통한 합일점을 찾기 위한 지속적인 수정과 보완작업이 필요하다.

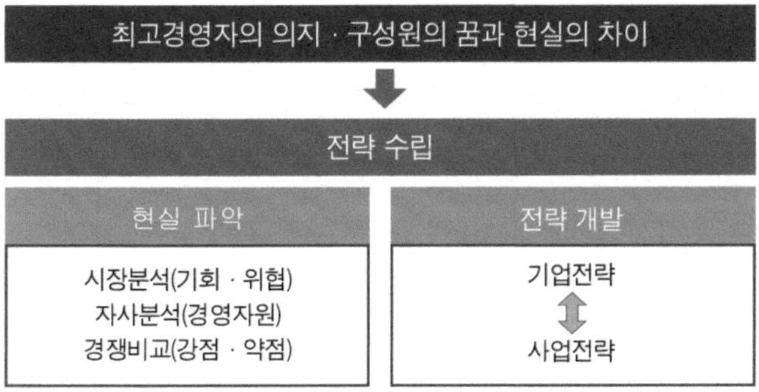

그림 2-9 경영과정상의 전략수립

일반적으로 기업전략과 사업전략의 관계에 있어 기업전략이 수립되면, 이것은 개별 사업전략으로 분해되어 가는 이른바 하향식의 흐름이 전개된다. 이와 달리 개별 사업전략을 수립하는 과정에서 거꾸로 기업전략이나 비전에 영향을 주는 상향식의 흐름도 발생할 수 있다. 그러나 전략의 유효성을 위해서 바람직한 것은 쌍방향적인 사고와 행동이 중요하다. 왜냐하면 위에서 일방적으로 밀어붙인 전략이나 밑으로부터 쌓인 전략만으로는 기업의 발전가능성을 놓치기 쉬울 뿐만 아니라, 환경변화에 올바른 대응을 할 수 없기 때문이다.

2.4.3 기능별 수준의 전략

기능별 수준(functional level)의 전략은 각각의 경영기능(구매, 생산, 마케팅, 재무 등) 관리자들이 담당하며, 해당 경영기능에 대한 단기적인 목표와 전술적인 방안들을 강구함을 주요 내용으로 한다. 이러한 기능전략은 사업전략(경쟁전략)에 의해 제약을 받는다. 다시 말해서 기능별 전략은 사업부 내에서 각각의 기능들이 사업전략이 추구하는 목표를 달성하기 위해서 '구체적으로 무엇을 어떻게 수행할 것인가'에 초점을 두고 있다. 또한 기능별 수준의 의사결정은 전사적 또는 사업부 전략에 비해서 단기적이며 구체적이다. 이러한 의사결정은 주로 생산시스템의 효율성 제고, 적정재고 수준의 결정, 고객서비스의 질적 향상, 연구개발의 방법결정 등과 같은 실천적인 문제를 부서별로 다룬다.

그 밖에도 기능별 수준에서의 의사결정은 사업부 수준에서 결정된 전략을 실천하는 것과 직접적으로 관련되어 있기 때문에 사업부 수준에서의 전략과 일관성을 가져야 한다. 뒤집어 말하자면 기능전략이 받쳐주지 않으면 사업전략은 공허한 메아리에 불가하고 실제적인 성과를 낼 수 없다. 뿐만 아니라 이러한 경우는 기업의 비전이나 목적 역시 구호에 그치고 만다. 따라서 전략경영이란 이들 기업전략, 사업전략 그리고 기능전략 모두를 통합해서 일컫는 말이며, 이들 사이에 일관성과 연계성이 없으면 그 또한 소용없는 일이라고 말할 수 있다.

기업구조에 따른 경영전략의 계층과 종류

계열화되지 않은 대기업이나 단일제품을 생산 및 판매하는 중소기업의 경우, 전사적 수준의 기업전략과 사업부 수준의 사업전략은 동일하거나 합쳐진 개념으로 이해할 수 있다. 즉 기업전략이자 사업전략은 기업 전체가 나아가야 할 방향을 결정하는 것이며, 기능별 수준의 전략인 기능전략에 대한 방향설정 및 세부방안을 마련하는 데 직접적인 영향을 미친다.

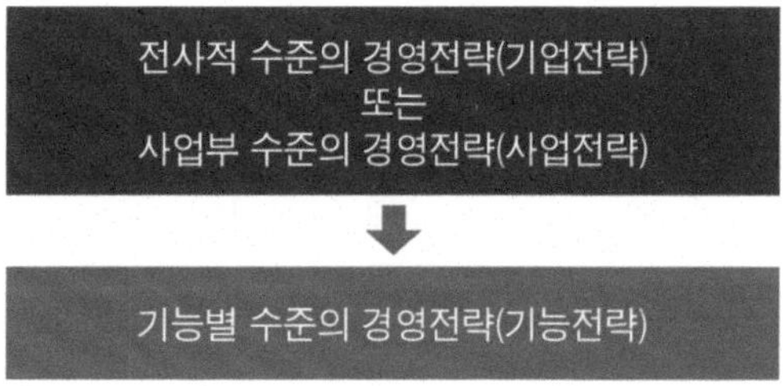

그림 2-10 단일제품 기업의 경영전략

이와 반대로 다각화된 제품생산과 독립된 조직을 가지고 있는 기업의 경우, 각각의 조직은 자율적인 사업부 또는 전략적 사업조직(strategic business unit: SBU)으로서 기업본부의 전략과 밀접한 관계하에 독립적인 사업전략을 전개할 수 있다. 이러한 경우에는 전사적 수준의 경영전략, 즉 본부의 기업전략은 모든 사업단위를 총괄하고 전체의 경영방향을 결정하는 최상위의 전략적인 기능과 역할을 한다.

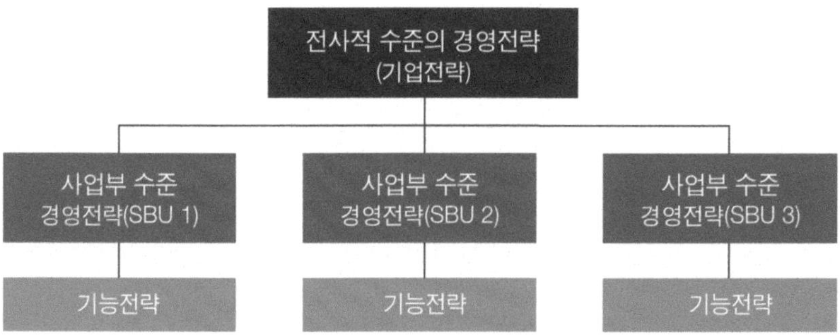

그림 2-11 사업부별 경영전략

(그림 2-11)과 같은 사업부별 경영전략은 우리나라에서 그룹이란 기업의 형태에서 주로 볼 수 있다. 이들 기업은 다각화 전략의 일환으로 전통적 주력사업인 예를 들어, 주류사업과 함께 건설사업, 의류사업 등 독립된 사업부를 조직하고 독자적인 사업전략을 전개해 나가는 경향이 비교적 강하다.

2.5 경영전략의 발전과정

전략은 오늘날 일반화된 개념으로 기업에서뿐만 아니라, 다양한 영역에서 자주 사용되고 있다. 우리나라의 경우 70년대에 들어와 외국의 경영자 문회사나 책자 등을 통해서 전략의 개념과 분석기법이 부분적으로 소개되었다. 그러나 실제로 기업들이 전략의 필요성과 가치를 인식한 것은 80년대 중반이라 할 수 있다. 이에 대한 주요 원인이자 배경으로서 기업이 대처해야 할 외부환경이 종전과 달리 급격하게 변화하고 불확실성 또한 증가함에 따라 전략적인 분석기법과 이론에 대한 수요가 급속히 증가하였기 때문이다. 그럼에도 불구하고 학문영역으로서의 본격적인 연구가 진행된 것은 비교적 최근에야 이루어졌다고 볼 수 있다.

한편 미국을 포함한 선진국에서의 전략에 대한 발전과정을 살펴보면 60년대 이전까지만 해도 경영전략이나 전략경영이란 개념은 최고경영자 입장에서 단순히 각각의 경영기능을 통합하기 위한 것으로 이해되어 왔다. 이러한 고전적인 접근방법은 (그림 2-12)와 같이 60년대에 들어와 시대적인 환경변화와 함께 지속적으로 변화 · 발전하기 시작하였다.

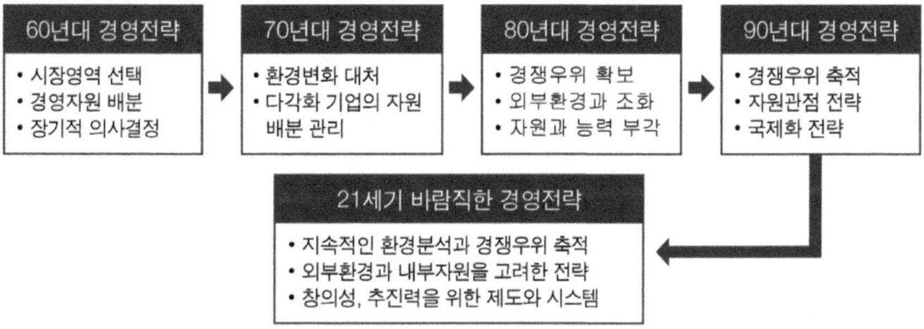

그림 2-12 경영전략의 발전과정

■ 1960년대의 경영전략

60년대 들어와서 정책(policy) 외에 전략(strategy)라는 용어가 새로이 등장하였다. 이때 전략의 개념은 주로 예측이 가능한 환경하에서 기업이 활동할 시장영역을 선택하고, 해당 영역에서 생존하기 위한 경쟁방법을 결정하기 위한 용도로 사용되었다. 이외에도 자원분배와 관련된 복잡한 의사결정을 수행하고 실천하는 방법으로 활용되었다. 당시 미국의 경우 기업 대부분은 기획조정실을 통해서 중장기 경기예측이나 시장수요 예측을 기초로 중장기 경영전략을 수립하였고, 이에 맞추어 투자 및 재무전략이나 마케팅 전략 등의 기능적인 전략을 마련하였다. 따라서 경영기능들을 단순히 통합 · 조정하였던 기존 정책의 개념에 비해 한층 진보한 것이었다. 한마디로 말해서 전략을 기업의 장래를 생각하고 의사결정을 하는 중요한 경영과정으로 인식하게 되었다. 그 밖에도 기업경영의 현장에서 전략의 중요성이 부각되면서 장기적인 관점의 경영전략이 최고경영자의 주된 관심사이자 책임으로 인식되기 시작하였다.

■ 1970년대의 경영전략

70년대는 전략개념이 각 분야에서 활발히 사용된 중요한 시기였다. 특히 60년대 이래로 경영다각화가 활발하게 진행된 결과, '여러 관련 사업들을 어떻게 효율적으로 관리하고 자원을 배분할 것인가'에 대한 문제가 부각되었다. 이에 대한 해결방안으로 주로 포트폴리오 매트릭스 관리기법을 통해서 경영자원, 특히 '투자자금을 어떻게 할당할 것인가'에 대한 전략이 중심을 이루었다. 그러나 70년 후반부터 경영환경이 급변하면서 이러한 장기적인 경영전략의 유용성에 대해 의문과 회의감이 들기 시작하였다. 이에 대한 이유로 첫째, 에너지 파동, 인플레이션, 산업의 국제화, 일본의 성장 등 경제적인 환경이 매우 불확실해졌기 때문이다. 또한 미래에 대한 단순한 예측과 계획에 근거한 과거의 경영기법이 한계에 도달하였으며, 환경의 불확실성에 효과적으로 대처하기 위한 새로운 경영방식이 절실히 요구되었기 때문이다. 둘째, 분석적인 기법과 개념들을 기반으로 한 전략자문 서비스가 활발히 이루어짐으로써 경영전략을 기업현실에 보다 효과적으로 활용할 수 있다는 확신을 가질 수 있었기 때문이다. 셋째, 60년대 이후 경영다각화가 활발하게 진행된 결과, 여러 관련 사업부문들을 어떻게 효율적으로 관리하고 자원을 배분할 것인가에 대한 문제가 대두되었기 때문이다. 그 밖에 학문적으로도 지금까지 진행된 사례연구에 의한 귀납적인 접근방법이 주류를 이루어 왔던 것이 점차 통계 및 수리적인 수단을 이용한 새로운 연구방법으로 변화하기 시작했기 때문이다.

■ 1980년대의 경영전략

80년대에 접어들면서 경영전략이 더욱 폭넓게 적용되었으며 학술적인 연구도 활발하게 이루어졌다. 특히 포터(M.E. Porter)를 필두로 산업구조분석을 통한 경영전략을 수립하는 방법이 제시되었다. 그는 산업구조분석을 외부환경(구매자, 공급자, 대체재 생산기업 등)을 중심으로 실시한 후 경쟁우위를 형성하는 것을 경영전략의 근간으로 보았으며, 무엇보다 경쟁우위를 갖기 위해서는 원가우위와 차별화 우위의 전략을 가져야 한다고 주장하였다. 이후에도 전략 관련 새로운 개념들(가치사슬, 진입장벽 등)이 개발 · 소개되었다. 80년대 후반에 들어서는 지금까지 전략이론과 기법을 선도적으로 개발하고 적용해 왔던 미국의 기업들이 일본과 유럽의 기업들에게 경쟁력을 잃어감에 따라 전략연구에 관한 대대적인 반성과 함께 경쟁우위와 경쟁능력의 획득과정에 관한 관심이 고조되었다. 특히 핵심역량(core competence)과 내부능력(capabilities)과 같은 개념들이 등장하였으며, 분석의 초점이 외부환경보다는 기업내부에 주어졌다. 이는 경쟁우위의 원천이 궁극적으로 기업내부에 존재하고, 그렇기 때문에 전략수립은 보유자원에 기초해야 한다는 관점이다.

■ 1990년대의 경영전략

90년대 들어와서는 경쟁우위와 경쟁능력의 획득과정에 관한 관심이 더욱 고조되었다. 하멜(G. Hamel)은 기업의 경쟁우위는 산업 내의 위치선정보다는, 그 기업이 보유한 경영자원이나 핵심역량에서 비롯된다고 보았다. 이처럼 90년대 접어들면서 기업을 경영자원의 결집체로 보는 경영자원론에 입각한 전략이 강조되었으며, 그중에서도 기업의 핵심역량을 기업에게 경쟁우위를 가져다주는 가장 중요한 원천으로 파악하는 관점이 주류를 이루었다. 또한 종래의 정태적인 환경분석에 기초한 전략수립에서 벗어나 경쟁우위의 동태적인 축적과정과 같은 보다 근본적인 문제에 초점이 주어졌다. 연구대상도 미국기업으로부터 탈피해서 일본, 유럽, 개도국 기업 등으로 다양화하였다. 이외에도 경영환경이 점차 글로벌화됨으로써 국제화 전략에 대한 연구도 증가하게 되었다. 특히 주목할 점은 기업의 고유한 자원과 능력의 중요성을 인정하면서 그것을 경쟁적인 환경에서 고려하는 자원거점적(resource-based) 관점의 등장이다. 이러한 관점은 자원과 능력을 기업경쟁력의 핵심이라고 보며, 이러한 자원과 능력은 시장환경과의 상호작용에 의해 그 가치가 결정된다는 생각이다. 다시 말해서 내부환경과 외부환경 모두를 경쟁우위의 원천으로 보고 균형 있게 취급해야 한다는 관점이다.

지금까지 살펴본 경영전략에 대한 변화 및 발전과정을 종합한다면, 경영전략의 내용과 도출방법을 중심으로 (표 2-8)과 같이 요약정리할 수 있다. 이를 통해서 '기업이 경쟁우위를 가지기 위해 무엇을 할 것인가'가 전략과 관련된 전반적인 주제이자 핵심적인 과제라고 볼 수 있다.

표 2-8 경영전략의 시대적 흐름

기간	50년 중반~ 70년 초반	70년 후반~ 80년 중반	80년 후반~ 90년 후반
주요 주체	장기경영전략계획	산업구조 및 경쟁분석	경쟁우위 창출 및 유지
주요 개념 및 기법	재무적 투자계획 수립, 시장 예측, 시장점유율 분석	산업구조분석 산업 내 포지셔닝	기업 내 경쟁우위 창출요인 분석, 동태적 분석기법
조직상 특징	재무관리가 주요 기능 수행, 종합 기획실 설립	수익성 낮은 사업 탈퇴, 전망 좋은 사업분야 진출	인적 자원관리, 전략적 제휴, 리엔지니어링
대표적인 학자	H.I. Ansoff, K.R. Andrews, C.R. Christensen	M.E. Porter	G. Hamel, C.K. Prahalad

- **50년 중반~70년 초반**: 기업의 장기경영전략계획의 요채는 각 시장에서의 수요예측과 함께, 각 사업부가 성취해야 할 매출과 수익률의 목표를 정하는 것이었다. 그리고 일단 이렇게 계획이 수립되면, 목표인 수익률 또는 매출목표를 달성하는 것이 관리자들의 임무였다.

- **70년 후반~80년 중반**: 반면에 포터(M.E. Porter)의 산업구조분석에서는 산업경제학이란 아주 정밀한 분석도구를 가지고 '산업의 구조와 경쟁의 성격을 분석한 다음에, 그 특정 산업구조 하에서는 어떠한 방식으로 경쟁을 할 것인가'가 중점 과제였다. 개별사업부들은 이러한 산업구조분석과 경쟁우위분석에서 도출된 행동방법을 따르는 것이 바로 경영전략이었다.

• 80년 후반~90년 후반: 이에 대해 하멜(G. Hamel)과 프라할라드(C.K. Prahalad)의 핵심역량분석에서는 기업이 가진 "경영자원과 핵심역량을 정확히 파악하고, 주어진 경영자원을 잘 활용하는 방법으로서 경영전략이 수립된다"고 주장하였다.

■ 21세기의 바람직한 경영전략

시장이 점차 글로벌화되고 치열한 경쟁상황에서 경쟁력 확보는 무엇보다 기업이 해결해야 하는 중요한 과제가 되었다. 이러한 상황에서 전략은 기업이 경쟁우위를 획득하고 유지하기 위한 중요한 수단이자 방법이며, 경영전략은 무엇보다 경쟁우위를 확보하기 위해서 기업의 외부환경과 내부자원 사이에 적합한 관계를 설정해 나가는 과정으로 이해할 수 있다.

그러나 그동안 나타난 전략이론이나 기법들은 주로 외부환경 분석을 기반으로 적절한 방안을 마련하는 데 초점을 맞추었다. 다시 말해서 외부환경에 대한 전략적인 대응에 지나치게 의존한 점이 없지 않다. 이러한 외부환경분석 위주의 경영전략은 기본적으로 단기적이고 정태적인 입장이기 때문에 기업내부의 자원과 능력을 기반으로 한 보다 장기적이고 지속적인 관점에서의 차별역량이나 경쟁우위를 축적하는 데 한계가 있었다. 이러한 점을 고려하여 이후에 나타난 기업의 내부자원과 능력을 중심으로 한 자원관점의 전략 역시 외부환경을 소홀히 다룬 단편적 전략인 관계로 유효성 측면에서 문제가 제기되었다.

이러한 점들을 고려해 볼 때, 21세기에 적합한 경영전략은 외부환경과 내부자원에 대한 균형을 유지하며, 지속적인 환경분석을 기반으로 경쟁우위를 축적하는 전략이 필요하다. 이때 기존 경쟁자에 대한 잠재적인 자원과 능력뿐만 아니라, 예상되는 신규 경쟁기업에 대한 분석도 중요하다. 또한 급변하는 환경변화를 고려하여 단기적인 계획이나 임기응변식의 대응 전략에서 벗어나 보다 장기적인 관점에서 전략목표의 설정과 함께 체계적인 실행계획을 수립하며, 이를 위한 일관성 있는 전략적 투자와 자원배분이 필요하다. 그 밖에 전략의 창의성과 추진력을 강화하기 위해서 최대한 현장의 목소리를 반영하는 제도와 시스템을 마련하는 것도 중요하다.

미국과 일본의 경영전략 비교

하멜과 프라할라드(G. Hamel & C.K. Prahalad)는 미국기업의 전략적 특성을 일본기업과 비교하여 다음과 같이 설명하였다.

표 2-9 미국과 일본의 경영전략 비교

비교 항목	미국기업	일본기업
전략적 주안점	기존환경과 자원에 적합한 전략의 수립	장기적 목표 달성을 위한 자원능력의 축적
경쟁우위	단기적으로 달성이 가능한 경쟁우위 탐색	새로운 경쟁우위 구축을 위한 학습조직 강조
대기업과 경쟁	틈새 탐색	기존 경쟁우위 가치를 무의미하게 하는 새로운 경쟁방식 탐색
다각화 전략	현금흐름의 포트폴리오에 의한 재무적 위험 감소	경쟁우위에 기초한 포트폴리오에 의해 경쟁적 위험감소

비교 항목	미국기업	일본기업
자원배분	각 사업부가 독립적으로 자원을 보유하고 투자	사업부들 간 핵심능력을 공유하며, 초사업부적으로 투자
행위의 일관성 • 전사적-사업부 • 사업부-기능별	• 재무적 목표설정 • 전략실천방안 설정	• 특정 전략목표 명시 • 중단기 목표공유 및 목표설정 시 종업원 참여

PART 2

경영전략의 형성과 세부내용

Ⅲ 기업의 환경분석

Ⅳ 기업의 비전과 목적

Ⅴ 사업수준의 전략

Ⅵ 전사적 수준의 전략

기업의 생존과 발전을 위한
전략적 사고와 행동
기업경영전략

III

기업의 환경분석

1. 환경분석의 의의와 중요성
2. 기업의 외부환경 분석
3. 기업의 내부환경 분석
4. 기업환경의 종합적 분석

1. 환경분석의 의의와 중요성

손자병법에 소개된 "지피지기(知彼知己)면 백전불태(百戰不殆)" 라는 문장은 오늘날처럼 치열한 경쟁사회에 있어 개인이나 조직의 생존과 발전을 위해 시사하는 바가 크다. 기업경영에 있어서도 마찬가지다. '상대를 안다'는 것은 기업의 외부환경에 존재하는 기회와 위협요소를 파악하고 있다는 것이며, '자신을 안다'는 것은 기업의 내적인 능력(자원)과 관련된 강점과 약점을 알고 있다는 것을 의미한다. 기업이 이러한 조건을 충족한다면, 즉 기업의 내외부 환경을 정확히 파악하고 있다면 경쟁사와 싸워도 위태로울 것이 없으며 승리할 가능성이 높다. 경영전략을 구상하는 데 있어서도 마찬가지로 기업의 환경분석은 최우선적으로 수행해야 하는 매우 중요한 사안이다. 한마디로 말해서 기업의 환경분석은 경영전략의 출발점이라고 할 수 있다. 경영전략의 첫 번째 단계인 기업의 외부환경을 분석함으로써 기회와 위협을 파악하고, 내부환경을 분석하여 강점과 약점에 대한 평가를 통해서 기업의 사명과 목적을 설정하고 '어떠한 전략을 도출하고 실행해야 할 것인가'를 결정할 수 있기 때문이다.

기업 환경분석의 중요성은 환경적응론적인 관점에서도 설명할 수 있다. 왜냐하면 기업경영은 곧 기업이 속한 환경에서 전개되는 과정이자 산물이기 때문이다. 이는 기업이 개방적인 시스템인 동시에 생존하고 성장 · 발전하기 위해서는 보다 상위 시스템인 환경에 적절히 대처해야 한다는 뜻과 같다. 이 같은 환경론자들의 주장에 따르면, 기업의 성공 · 성장 · 발전의 원리는 동서고금을 막론하고 환경변화에 대한 적응과 대응 그리고 그와의 적합성에 있다. 이를 위해서는 기업의 통제 불가능한 요소로 간주되는 외부환경에 대한 분석이 필수적이다. 그리고 경영전략은 기업과 환경 간에 존재할 수 있는 갭을 없애는 핵심적인 수단으로 작용할 수 있다. 즉 변화하는 외부환경을 계속적으로 주시하고, 그것에 관리 및 통제가 가능한 내부자원을 이용해서 외부환경 간의 갭을 없애는 소위 '적합시키는 과정과 활동'에 경영전략의 주안점을 두어야 한다는 것이다.

2. 기업의 외부환경 분석

[기업의 외부환경 요인]

일반적으로 기업을 둘러싸고 있는 외부환경은 거시적 환경과 미시적 환경으로 구분할 수 있다. 이때 거시적 환경이란 기업에게 광범위하고 간접적으로 영향을 미치는 경제적, 사회문화적, 정치 · 법적, 기술적 요인들을 말한다. 이에 대해 미시적 환경은 경쟁사, 수요자, 공급자, 대체재 등 기업활동에 비교적 직접적인 영향을 미치는 요인들로서 산업환경(industry-environment) 또는 과업환경(task-environment)으로 불리기도 한다.

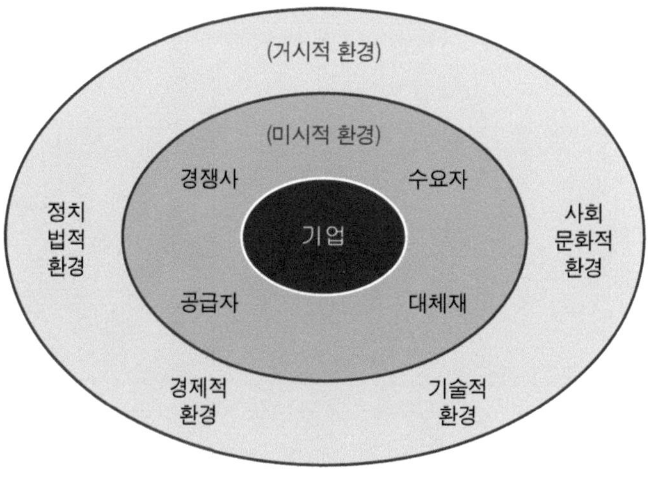

그림 3-1 기업의 외부환경

표 3-1 거시적 환경요인

경제적 환경	기술적 환경
GNP 성장, 이자율, 통화량, 환율, 인플레이션, 실업률, 에너지 가격, 가처분 소득수준, 임금, 물가 등	신기술 개발 동향, 특허 및 지적재산권, 신제품 개발 현황, 연구개발 투자액, 발명, 새로운 제조공정 등
정치 · 법적 환경	**사회 · 문화적 환경**
정부의 규제정책, 환경보호정책, 기업 장려정책, 세법, 고용관련 법규, 수출입 관계법 등	인구통계, 가치관, 생활 및 라이프 스타일, 교육수준, 출생률, 태도, 소비문화 및 성향 등

혹자들은 국제적 환경을 거시적 환경의 일부로 거론하기도 하지만, 점차 글로벌화되어 가는 시대적 환경을 고려해 볼 때 거시적 환경에 영향을 미치는 보다 폭넓은 거시적인 환경요인으로 취급하고 거론하는 주장이 설득력을 얻고 있다.

표 3-2 국제적 환경요인

국제적 환경
• 경제적 요인: 자유무역협정, 경기, 원자재 가격, 실업수준, 환율 등 • 기술적 요인: 신기술 개발 동향, 기술협약, 특허 출현, 벤처기술 등 • 정치 · 법적 요인: 정부의 안전성, 대외정책, 통화정책, 세법 등 • 사회 · 문화적 요인: 인구, 제도, 종교, 라이프 스타일, 관습, 태도 등

[외부환경 분석의 전략적 의미]

기업의 외부환경은 경영활동에 직간접적인 영향을 미치며 시시각각으로 변화한다. 이러한 변수에 대해 기업이 과거의 전략에 집착하고 계속적인 대응을 하지 못한다면, 경영성과는 떨어지게 마련이다. 기업은 외부환경의 변화와 추세를 면밀히 분석하여 '어떠한 기회와 위협이 주어지는가'에 대해 정확히 파악하고, 그에 대한 적절한 전략적 대응이 있어야 한다. 만약 환경으로부터 기회요인을 발견하면 기회를 최대한 살릴 수 있는 전략적 방안을 강구해야 하며, 반대로 위협요인이 발견되면 적절하게 방어하기 위한 전략적인 방안을 수립하여야 한다.

한편 앞서 언급한 바와 같이 기업의 내부환경은 경영자가 어떠한 조치와 행위를 통해서 관리와 조정이 가능하지만, 기업외부의 환경요인들에 대해서는 이러한 것이 불가능하다. 이와 같은 통제 불가능한 한계로 인해 기업은 외부환경의 변화에 대해 오직 내부환경에 변화를 줌으로써 대응할 수밖에 없다. 다시 말해서 이것은 통제가 불가능한 외부환경의 변화로부터 발생하는 기회와 위협에 대해, 기업의 적절한 대응인 경영전략으로 나타난다는 것을 의미한다. 이때 환경변화에 대한 정확한 분석과 예측은 환경변화에 대한 적절한 대응은 물론, 경영전략의 유효성을 위한 전제조건이자 필수적인 사안으로 작용한다. 이러한 관점에서 볼 때, 환경분석에 대한 의미와 중요성이 더욱 부각된다.

2.1 거시적 환경분석

2.1.1 거시적 환경분석 요인

거시적 환경분석은 기업활동에 있어 비교적 포괄적이고 간접적인 영향을 미치는 거시적인 환경요인들에 대한 조사와 평가를 의미한다. 거시적 환경요인은 주로 해당 산업 밖에 존재하는 것으로 시장의 수요와 기업의 활동에 중요한 영향을 미친다. 이러한 영향요인은 계속적으로 변화하며 기업에 기회와 위협으로 작용한다. 또한 거시적 환경요인은 대부분 장기적이고 간접적으로 영향을 미치며, 상호 관련이 있고 의존적이다. 즉 이들 중 어느 한 요인에 변화가 일어나면, 다른 요인들에도 변화가 일어난다. 거시적 환경을 구성하는 대표적 요인들을 살펴보면 다음과 같다.

그림 3-2 거시적 환경요인

[경제적 환경]

경제적 환경은 경제의 전반적인 성격과 방향을 내포하고 있으며, 특히 소비의 본질과 방향을 결정해 주는 기업에 대한 적지 않은 압력이자 영향력을 행사한다. 기업환경은 곧 경제적 환경이라 할 만큼 거시적 환경 가운데 가장 중요한 위치를 차지하고 있다. 경제적 환경을 나타내는 주요 지표로서 경제성장률, 이자율, 환율 등이 이에 해당된다.

표 3-3 경제적 환경요인

지표	파급효과
경제 성장률	경제가 성장하면 소비지출이 늘어나게 되고, 이것은 기업에게 확장의 기회를 제공한다. 반면 경제적 불황은 소득의 감소와 소비를 위축시키므로 치열한 경쟁상황을 초래한다.
이자율	이자율은 기업의 자본비용을 결정하기 때문에 투자전략에 중요한 영향을 미칠 수 있으며, 소비자가 돈을 차입하여 구매해야 하는 경우 이자율이 구매결정에 중요한 영향을 미칠 수 있다.
환율	환율의 변동은 수출시장에서 제품의 경쟁력에 큰 영향을 준다. 또한 기업의 외환차입 및 채무에 영향을 미치므로 경영활동에 적지 않은 영향을 주게 된다.

[기술적 환경]

오늘날 기술의 변화와 발전은 매우 빠른 속도로 진행되고 있다. 이러한 기술의 발전은 기업에게 새로운 사업기회를 제공함으로써 경영전략에 대한 중요성을 한층 더 높여준다. 또한 기술의 급속한 발전은 기존사업(제품)의 수명주기를 단축시키는 동시에 새로운 제품을 출현시킨다. 예를 들어 이동통신 수단인 삐삐가 휴대폰의 기술로 순식간에 사라지게 된 경우가 이에 해당된다. 따라서 특히 기술에 민감한 기업일수록 신기술의 출현 및 기술변화가 경영활동에 어떠한 영향을 미칠 것인가를 예측하고 분석할 필요가 있다. 기술적 환경분석은 경쟁업체나 우수업체의 연구개발 동향, 특정기술 분야의 학술잡지, 특허, 과학기술 관련 연구논문이나 세미나 등을 통해서 수집한 자료를 기반으로 진행할 수 있다.

[사회 · 문화적 환경]

사회 · 문화적 환경요인은 심리적, 사회적, 문화적, 종교적 조건 등을 포함하고 있다. 이러한 요인들은 사회구성원의 욕구, 이념, 가치관, 태도 등에 영향을 미치며, 기업에 기회를 제공하기도 하고 위협이 되기도 한다. 또한 이들 요인들은 인구통계학적인 구조, 라이프 스타일, 신념과 가치의식, 교육수준, 소비패턴, 여가활동 등과 밀접한 관계가 있다. 이는 기업외적으로 시장의 수요와 고객의 구매행동에 영향력을 행사하며, 기업내적으로는 구성원들의 태도와 행동에 영향을 미친다는 것을 의미한다. 이러한 관점에서 볼 때, 사회 · 문화적 환경의 전략적 의미는 기업경영에 있어 그 영향이 적지 않다. 특히 기업의 입장에서 인구통계학적 변화는 수요와 직접 관련된 것으로 기존고객은 물론, 새로운 시장에 대한 기회와 위협요인으로 작용한다. 예를 들어 신도시 개발로 인한 인구증가 및 새로운 시장출현, 노령화에 따른 실버산업의 활성화, 저출산으로 인한 유아용품의 시장축소 등이 이에 해당된다.

[정치·법률적 환경]

경영전략의 관점에서 정치·법률적 환경은 주로 정부의 정책과 방침 그리고 법규와 규정상의 기능과 역할을 의미한다. 이들 요인들은 기업의 활동을 지원하고 촉진하지만, 때로는 규제하고 구속하는 등 이중적인 영향력을 지니고 있다. 특히 정치적 환경요소로서 국가의 안정성 여부는 모든 기업의 관심사이다. 또한 소비자 보호, 규제개혁, 대외무역, 노동과 환경, 시장경쟁 등과 관련된 정부의 국내외 정책도 기회와 위협요인으로 경영활동에 직간접적인 영향을 미친다. 이외에도 세법, 노동법, 공정거래법, 독점금지법, 무역관계법 등 정치와 밀접한 관계가 있는 각종 법률과 규제 역시 기업에 적지 않은 영향을 미친다. 기업의 생존과 발전을 위해서는 이들에 대한 지속적인 관심과 예상되는 파급효과를 정확히 파악하는 것이 중요하다.

경영전략에 대한 외부환경의 의의와 시사점

외부환경은 모든 기업의 경영활동에 직간접적으로 영향을 미치며, 특히 경영전략과 관련해서 다음과 같은 의의와 시사점을 제공한다.

그림 3-3 외부환경 분석과 목적 설정

- 외부환경으로 인한 기회와 위협은 기업의 목적 나아가 전략적 목적의 달성과 관련된 개념이다.
- 똑같은 외부환경이라 할지라도 기업에 따라서는 전략적인 기회가 되기도 하고 위협이 될 수 있다.
- 자원의 한계성으로 인해 수많은 외부환경 중에서 기업의 목적달성에 결정적으로 중요한 전략적 요인을 찾아 중점적으로 관리하는 것이 필요하다.
- 경영전략을 위해서는 객관적인 지각을 중심으로 환경변화의 현실적인 영향력뿐만 아니라, 잠재적인 영향력에 대해 살펴볼 필요가 있다.

2.1.2 거시적 환경의 분석방법

경영전략은 기업의 장기적인 방향과 전략적인 목적을 결정하는 중요한 의사결정이다. 경영전략을 수립하려면 환경에 대한 기본전제가 필요하고, 이것은 환경에 대한 정확한 예측과 분석 없이는 불가능하다. 그러나 앞서 살펴본 환경요인들에서 알 수 있듯이 기업환경은 매우 복잡하고 경영전략에 영향을 줄 수 있는 요소는 너무나 많다. 더욱이 이러한 요인들은 항상 변화하고 있고, 그 속도가 점점 빨라져 성공적인 경영전략을 위한 미래의 환경에 대한 정확한 예측이 더욱 어려워지는 것이 현실이다. 이러한 어려움을 극복하기 위해서 다양한 예측방법이 개발되고 있다. 기업에서 환경변화를 예측하고 분석하는 데 사용되는 몇 가지 대표적인 기법들을 살펴보면 다음과 같다.

[단순예측 방법]

이 방법은 기업의 환경변화에 대한 추세를 분석하는 것으로써 과거와 현재의 환경변화 추세를 그대로 적용하고 연장시켜서 미래의 환경을 예측하는 비교적 단순한 방법이다. 이러한 방법은 환경변화에 작용하는 변수가 비교적 분명하고, 변화의 패턴도 커다란 변화 없이 일정한 경우에 효과적이다. 거꾸로 말해서 과거와 현재의 변화추세가 불확실하고, 이에 작용하는 변수들이 복잡한 경우에는 이러한 단순예측 방법의 유효성은 제한될 수밖에 없다. 이러한 한계 및 문제점을 극복하기 위해서는 분해분석 방법을 함께 이용하는 것이 유용하다. 즉 환경을 여러 부분으로 분해하여 부분별로 추세를 분석하고, 그 결과를 종합한다면 미래의 환경을 보다 정확하게 예측할 수 있다. 예를 들어 새로운 휴대폰의 출시를 앞두고 시장수요를 예측하기 위해서 전체수요를 예상되는 구매집단별로 구분하고, 종전의 집단별 수요추세를 반영하여 파악한 수요결과를 종합한다면 보다 정확한 시장수요를 예측할 수 있다.

[시나리오 방법]

시나리오 방법은 미래의 환경변화에 대한 3~4개의 예측이 가능한 시나리오를 간단히 서술하고, 이를 중심으로 경영자나 전략전문가들의 토의와 분석을 거쳐서 미래의 환경에 대한 예측을 확정하는 방법이다. 한마디로 환경변화로 인해서 발생할 가능성이 높은 시나리오를 예상해 보는 방법이다. 이때 미래의 환경에 대한 예측은 환경변화의 가능변수를 고려하여 결정되고, 미래의 환경에 대한 시나리오나 전략적 대안은 낙관적, 비관적 그리고 현실적인 관점에서 작성되는 경우가 대부분이다.

[델파이 기법]

델파이 기법은 시나리오 방법과 비슷한 것으로서 미래의 환경에 대한 예측 또는 시나리오를 관련 전문가들에게 제공하고, 이에 대한 의견을 중심으로 환경에 대한 예측을 최종적으로 결정하는 기법이다. 구체적인 진행절차를 살펴보면, 우선 미래의 환경에 대한 일차적인 예측 또는 시나리오를 설문지를 통해 전문가들에게 묻는다. 수집된 전문가들의 의견은 종합되어 그들에게 피드백해 주고, 그들로부터 재차 의견을 수집한다. 이러한 단계를 여러 번 거쳐서 최종적으로 수집된 전문가들의 의견을 종합하여 미래의 환경을 예측하는 방법이 델파이 기법이다.

2.2 미시적 환경분석

미시적 환경분석이란 기업활동에 직접적으로 영향을 미치는 외부환경에 관련된 요소들에 대한 분석을 의미한다. 이러한 미시적 환경요소에 대한 분석을 체계적이고 효과적으로 실시하기 위해서는 일반적으로 분석하고자 하는 기업이 속한 산업환경에 대한 분석이 필요하다. 나아가 특정산업 안에서 전략적 경쟁요소에 따라 몇 개의 집단으로 구별할 수 있는 전략군에 대한 분석을 추가적으로 실시할 수 있다.

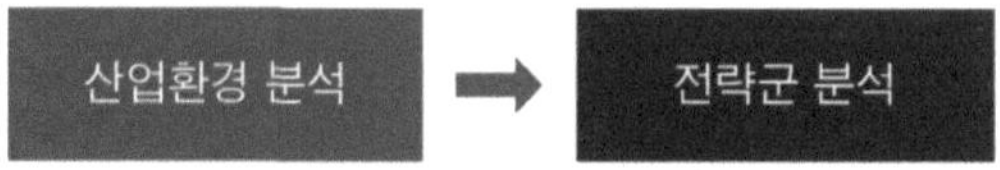

그림 3-4 미시적 환경의 분석

2.2.1 산업환경 분석

산업이란 서로 가까운 대체재를 공급하는 기업들의 집단으로 정의할 수 있다. 이때 가까운 대체재란 기본적으로 같은 고객의 욕구를 충족시킬 수 있는 제품이나 서비스를 말한다. 따라서 산업환경이란 이러한 경쟁상황에 직접적으로 영향을 미치는 요소들의 집합을 의미하며, 이들은 기업 외부환경의 핵심을 이루고 있다.

[산업환경 분석의 중요성]

산업환경을 분석한다는 것은 다음과 같은 두 가지 측면에서 그 중요성이 강조된다. 첫째, 관련 업종의 장기적인 전망을 진단할 수 있으며 기대되는 수익성을 중심으로 경영전략을 전개할 수 있게 한다. 둘째, 해당 산업에서 성과를 높일 수 있는 성공요인이 무엇인가를 알려준다. 따라서 산업환경의 분석은 기업의 장기적인 사업의 방향을 결정하고, 경쟁적인 우위

전략을 형성하는 데 매우 중요한 역할과 기능을 한다고 볼 수 있다.

[포터의 산업환경 분석]

산업환경을 분석하기 위해서는 무엇보다 해당 산업의 장기적인 전망과 수익성을 파악하는 것이 중요하다. 이를 위해서는 무엇보다 산업구조를 분석하는 것이 필요하다. 산업구조를 분석하기 위한 기본적인 틀로서 일반적으로 포터(M.E. Porter)가 제시한 다섯 가지 영향요인 모형(five force model)을 이용할 수 있다. 포터는 산업의 경쟁상황을 좌우하는 요인으로서 잠재적 경쟁자의 위협, 기존기업 간의 경쟁, 구매자의 교섭력, 공급자의 교섭력 그리고 대체재의 위협을 제시하고 있다. 따라서 이들 요인들이 강하게 작용하는 상황은 그만큼 경쟁상황이 치열하거나 기업에 대한 위협요소가 강하게 작용하는 상태를 뜻하며, 반대로 그렇지 않은 경우는 상대적으로 경쟁이 약하고 경영활동을 원활히 할 수 있는 기회가 많다는 것을 의미한다. 물론 이 같은 영향요인의 강도는 시간이 흐르고 산업이 진화함에 따라 달라진다. 그러므로 전략입안자들은 이러한 영향요인들의 변화로 인한 기회와 위협요인들을 지속적으로 파악하고, 그에 적합한 전략적인 방안을 강구하는 것이 무엇보다 중요하다.

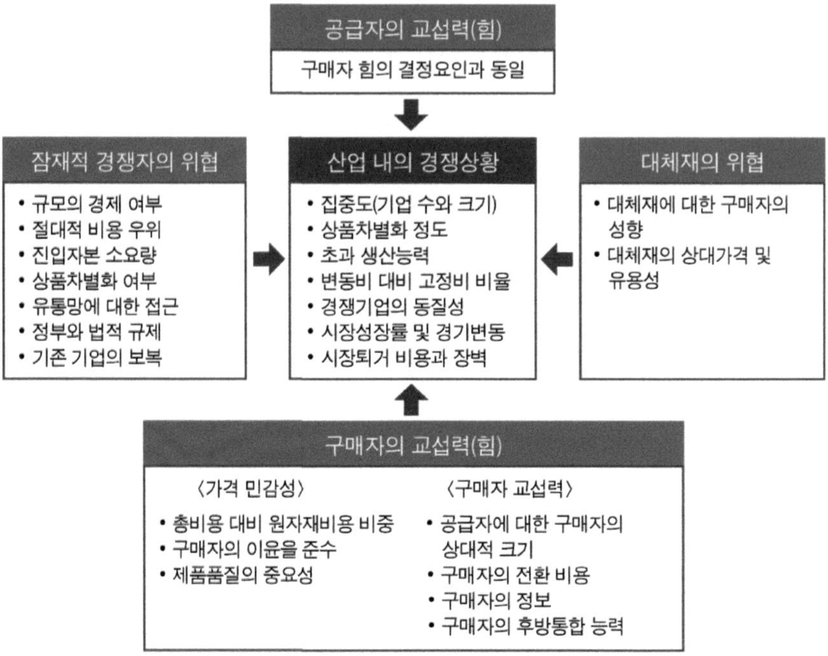

그림 3-5 포터의 산업환경 분석

(1) 잠재적 경쟁자의 위협

[잠재적 경쟁자]

이들 기업은 현재 산업 내에서 경쟁하지는 않지만, 언제든지 마음만 먹으면 진입할 수 있는 능력과 역량을 갖춘 기업이다. 잠재적 경쟁자가 될 수 있는 기업들은 대체로 다음과 같은 특징을 지니고 있다.

- 대체재를 공급할 수 있는 능력을 갖춘 기업으로서 사업을 다각화하려는 기업

- 다른 지역에서 유사한 상품을 제공하는 기업으로서 시장을 확대하고자 하는 기업
- 유사한 제조기술과 유통망을 토대로 산업에 쉽게 진입할 수 있는 여건을 갖춘 기업
- 부품을 구매하는 기업이 자체 생산으로 전략적 가치가 크다고 판단하는 경우
- 부품을 공급하는 기업이 완제품의 전략적 가치가 크다고 판단하는 경우

따라서 이들 기업의 움직임에 따라 시장의 위협과 기회가 다르게 나타난다. 만약 이들의 시장진입 가능성이 거의 없다면, 경쟁상황이 그다지 심하지 않을 것이다. 반대로 진입할 위협이 크다면, 시장은 치열한 경쟁상황으로 변화하게 된다. 그러므로 기업이 예상되는 위협과 경쟁상황에 전략적으로 대처하기 위해서는 잠재적인 경쟁자들을 정확히 파악하고 지속적인 관찰은 물론, 시장진입에 대비한 대응방안을 사전에 모색하는 것이 필요하다. 특히 잠재적 경쟁자의 시장진입에 대한 위협을 최소화하기 위해서는 사전에 '진입장벽(barriers to entry)'을 마련해 두는 것이 중요하다.

[시장 진입장벽]

시장 진입장벽이란 잠재적 경쟁자가 동일시장에 쉽게 못 들어오게 하는 장치로서 그들이 시장진입을 위해 필수적으로 지불해야 할 비용과 노력을

의미한다. 잠재적 경쟁자들이 기존 기업들에게 주는 위협의 크기는 진입에 필요한 비용, 즉 '진입장벽이 얼마나 큰가'에 달려 있다. 비용이 크면 클수록 잠재적 경쟁자는 시장에 진입하기 어렵고, 그 결과 기존의 기업들은 더 높은 이익을 향유할 수 있다. 반대로 시장의 진입장벽이 낮을 경우는 원하면 누구나 시장에 진입할 수 있기 때문에 그만큼 시장이 매력적이지 못하고 경쟁체제도 치열해질 가능성이 크다. 따라서 기업이 전략적으로 진입장벽을 형성하고 유지 · 관리하는 것은 독점적인 위치를 확보함은 물론, 경쟁력과 수익을 제고하는 측면에서 결정적인 역할을 한다고 볼 수 있다. 진입장벽에 해당되는 사례로는 다음과 같은 내용을 고려할 수 있다.

- **규모의 경제:** 규모의 경제(economy of scale)란 대량구매로 발생하는 원가절감, 대량생산에 의한 고정비용의 부담률 감소 등으로 창출되는 원가측면에서의 이점을 말한다. 따라서 잠재적 경쟁자가 시장진입을 할 때, 원가측면에서 불이익을 당하지 않으려면 기존의 기업들이 보유한 이점을 누릴 수 없도록 대규모의 투자가 불가피하다. 거꾸로 말해서 시장진입을 하고 싶어도 많은 투자비용과 이로 인한 위험 또한 수반되기 때문에 쉽게 시장진입을 추진하기가 어렵다. 이것은 규모의 경제를 실현하는 기업들에게 그만큼 위협의 요소가 감소한다는 것을 뜻한다.

- **상표 충성도:** 상표 충성도란 잠재적 기업이 가질 수 없는 기존기업 및 상품에 대한 구매자의 선호도를 말하는 것이다. 이러한 고객의 충성도

는 기업의 지속적인 광고, 특허, 제품혁신, 고품질, 서비스 등의 차별화된 노력과 활동을 통해서 높일 수 있다. 상표 충성도가 강할수록 신규 진입자는 기존 기업으로부터 시장점유율을 탈취하기가 어려우며, 그만큼 기존 기업에게 유리하다.

- **절대적 원가우위**: 기업은 앞서 언급한 진입장벽 외에도 규모의 경제와 무관하게 여러 종류의 원가우위를 누릴 수 있다. 이에 대한 대표적인 예로는 독점적인 기술, 경영상의 노하우, 유리한 지리적 입지, 경험 및 학습곡선 등에 의한 원가 및 비용우위가 있을 수 있다. 이에 대한 구체적인 내용을 살펴보면 다음과 같다.

  - **독점적 기술**: 기존 기업들이 특허를 가지고 있거나 보안을 유지하는 기술을 가지고 있는 경우, 이러한 기술을 이용하여 잠재적인 진입자보다 낮은 원가 및 경쟁력을 유지할 수 있다. 이는 신규 진입자 측면에서 볼 때, 시장진입을 위해 스스로 대체적인 기술을 개발하거나 기존 기업들의 독점적인 기술을 모방해야 하는데, 이 모두가 비용 및 원가상승을 야기하는 진입장벽으로 작용할 수 있다.

  - **경영상 노하우**: 기존 기업들은 시장에서 수년간 터득한 지식, 기술, 정보, 네트워크 등을 소유하고 있다. 신규 진입자가 이러한 축적된 노하우를 터득하는 데 적지 않은 비용과 시간이 필요하다면, 이 역시 그들에게는 커다란 진입장벽으로 작용할 수 있다.

- **유리한 지리적 입지:** 기존 기업들은 대부분 원재료의 획득이나 고객이 접근하기 쉽고 편리한 장소를 미리 선점함으로써 잠재적 진입기업들에 비해 비용우위를 확보하고 있다. 따라서 신규 진입기업들이 적은 비용으로 기존 기업들보다 유리한 입지를 획득할 수 없다면, 기존 기업들이 이미 확보한 유리한 입지가 경쟁우위의 기반이자 진입장벽의 요소로 작용할 수 있다.

- **경험 및 학습곡선에 의한 비용우위:** 기존 기업들은 오랫동안 제조 및 운영경험을 쌓음으로써 잠재적 진입자들이 갖지 못하는 누적된 생산량을 통한 비용우위를 갖는다. 그러나 잠재적 진입자들은 경험을 쌓을 때까지 상대적으로 높은 원가를 감수해야 한다. 이 점은 기존 기업들의 높은 수익성에 긍정적으로 작용하는 동시에 잠재적 진입자의 시장진입을 억제하는 효과로 작용할 수 있다.

• **정부의 진입 규제:** 정부도 나름대로의 배경과 이유로 기업의 시장진입을 규제할 수 있다. 이러한 현상은 특정 제품이나 서비스(전기, 철도 등)에 대한 가격이 시장에서 결정되기보다, 정부가 직접 결정하는 편이 낫다고 판단할 때 흔히 나타난다. 그 밖에도 카지노, 담배 등과 같이 국민생활과 건강에 위협적인 요인이 될 수 있는 업종은 법적 · 제도적인 규제를 통해서 기업의 시장진입을 제한하고 있다.

(2) 산업 내의 경쟁상황

산업 내에 존재하는 기존 경쟁자들은 경영활동에 있어 무엇보다 직접적이고 결정적인 영향을 미친다. 다시 말해서 산업 내의 경쟁상황은 이들에 의해 결정된다고 할 수 있다. 따라서 이들에 대한 세밀한 분석과 전략적인 대응방안은 기업의 생존과 발전을 위해 필수적이다. 산업 내의 경쟁상황은 구체적으로 경쟁자의 수와 그들의 활동상의 특성, 제품의 차별화 정도, 고정비용과 '퇴출장벽(exit barriers)' 등 여러 가지 요소들에 따라 결정된다. 일반적으로 경쟁자의 수가 많으며, 그 규모나 역량이 비슷비슷하고, 그들의 활동이 격렬할수록 경쟁은 치열하다. 또한 산업의 전략적 중요성이 클수록 경쟁자의 경쟁행동은 더욱 격렬해지는 경향이 있다. 그 밖에도 다음과 같은 상황에 있어 경쟁이 치열하며, 이는 곧 기업의 위협요인으로 작용한다.

- 제품과 서비스에 대한 차별화의 여지가 적을수록, 즉 제품의 혁신이나 고객의 전환비용이 낮을수록 기업 간의 가격경쟁이 심하며, 이로 인한 경쟁도 심하다.
- 구조적으로 고정비의 비중이 높을수록 가동률을 높이기 위한 노력이 불가피하고, 이로 인해 발생하는 초과 공급량을 해소하기 위한 가격경쟁이 심해진다.
- 퇴출장벽이 높을수록 대부분의 기업들은 배수진을 치고 경쟁에 임하기 때문에 경쟁이 치열해진다.
- 해당 산업의 성장률이 낮거나 감소하는 경우에는 기존 고객에 대한 매

출과 시장점유율의 유지 및 이의 제고를 위한 공격적인 경영이 이루어지며, 이로 인한 경쟁도 격화된다.

(3) 구매자의 교섭력(힘)

수요자 및 고객에 대한 정보를 정확히 파악하고, 그들의 욕구를 충족시킬 수 있는 방안을 강구하는 것이 곧 경쟁에서 승리하는 길이다. 한마디로 말해서 고객의 욕구에서 벗어난 기업은 결코 시장에서 살아남지 못한다. 따라서 고객에 대한 지속적인 정보의 수집과 분석은 필수적이며, 이를 위한 마케팅 정보시스템의 구축은 절대적으로 필요하다. 이때 고객에 관한 분석은 첫째, 현 고객과 잠재적인 고객은 누구이고 이들이 어디에 얼마나 있는지 둘째, 고객의 구매동기가 무엇이고 그들의 구매동기와 소비경향이 어떻게 변하는지 셋째, 고객들이 특정 제품과 서비스에 얼마나 만족하며 충족되지 않은 욕구는 무엇인가를 파악하는 데 초점을 두어야 한다. 기업은 이를 기반으로 보다 실효성 있는 전략적인 방안을 마련할 수 있다.

한편 산업구조에서 고객인 구매자의 역할과 힘은 위협 및 기회적인 요소와 밀접한 관계를 맺고 있다. 특히 다음과 같은 상황일 경우에는 구매자의 교섭력이 증가하고, 이것은 경영활동에 적지 않은 부담 및 영향력을 행사한다. 그 반대의 경우는 기업에게 기회의 요소로 작용할 수 있다.

- 구매자가 판매자의 전체 매출액에서 커다란 비중을 차지할 경우, 구매자의 영향력은 크고 위협적인 요소로 작용한다.
- 구매자가 대량의 제품을 구매하거나 자세한 정보를 확보하고 있거나

제품이 차별화되지 않은 경우, 구매자의 힘은 크고 위협적이다.

- 구매자가 손쉽게 후방통합을 할 수 있고, 이를 통해 자체적으로 수요를 충족시킬 가능성이 높을수록 구매자의 교섭력은 위협적이다.

(4) 공급자의 교섭력(힘)

산업구조의 구성요소로서 원자재를 공급하는 공급자는 구매자의 경우와 마찬가지로 공급자의 수와 원자재의 중요성에 따라 경영활동에 결정적인 영향력을 발휘할 수 있다. 다시 말해서 공급업체의 활동과 상황이 어떠한가에 따라 기업은 직접적인 영향을 받게 되고, 이러한 영향력은 위협과 기회요소로 작용한다. 따라서 경쟁력을 강화하는 차원에서 구매자에 못지않게 공급자에 대한 정보도 체계적으로 관찰·수집·분석하는 것이 중요하다. 기업에 대한 공급자의 힘이자 곧 위협의 수준을 높일 수 있는 조건들은 다음과 같은 경우이며, 이와 반대의 경우에는 기회요소로 작용할 가능성이 높다.

- 공급자들이 속한 산업이 소수의 기업에 의해 주도될 때
- 공급자들의 공급요소가 차별화된 역량을 보유하고 있어 다른 공급자에게로 쉽게 전환하기 어려울 때
- 공급자의 공급요소가 생산 및 경영활동을 하는 데 중요한 요인으로 작용할 때
- 공급자들의 공급요소에 대한 수요가 매우 클 때
- 공급자들이 대체재에 의해 위협받지 않을 때

• 공급자들이 구매자 기업의 산업에 쉽게 참여할 수 있는 전방통합의 가능성이 높을 때

(5) 대체재의 위협

대체재(substitute product)란 특정 제품과 직접적으로 경쟁을 하지는 않지만 기업의 판매와 수익에 영향을 줄 수 있는 제품을 말한다. 이러한 대체재는 고객이 지닌 동일한 욕구를 다른 방법으로 충족시킨다. 예를 들어 비닐제품은 가죽제품의 대체재가 될 수 있다. 따라서 대체재의 존재 여부는 기업의 이익과 밀접한 관계를 맺고 있으며, 이는 기업에 위협과 기회요소로 작용한다. 그러므로 기업의 입장에서 가능한 자사 제품과 대체하기 어려운 차별화된 전략을 강구하는 것이 중요하다. 또한 대체재에 대한 동향의 파악은 물론, 기존 대체재와 비교하여 상대적인 가치를 높일 수 있는 방안을 지속적으로 강구하는 것이 필요하다.

이상에서 살펴본 바와 같이 포터(M.E. Porter)가 주장하는 산업환경 및 경쟁상황에 영향을 미칠 수 있는 요소들은 대부분 경영활동에 직접적인 위협과 기회로 작용한다. 따라서 기업이 생존하고 발전하기 위해서는 이러한 산업환경 요소들, 즉 구매자, 잠재적 경쟁자, 공급자, 대체재 그리고 현재의 경쟁상황에 대해 지속적이고 체계적인 분석이 필요하다. 특히 경영전략을 수립하기 위해서는 무엇보다 이러한 산업환경에 대한 정확한 분석이 전제되어야 한다.

산업환경을 나타내는 또 다른 요소: 보완자

앞서 언급된 요소들 외에 산업환경을 나타내는 또 다른 요소로서 최근에 아담과 배리(M.B. Adam & J.N. Barry)는 보완자의 개념을 도입하였다. 이들은 보완자(complementor)와 경쟁자(competitor)의 중요한 차이점으로서 보완자는 기업의 시장규모를 증대시키는 반면, 경쟁자는 시장점유율을 나누어 가지는 관계라고 주장하였다. 이로써 보완자는 예를 들어 게임개발 기업과 컴퓨터 또는 휴대폰 기업의 관계처럼 한 기업의 제품이 다른 기업 제품의 가치와 활용도를 높여주는 이른바 협력자의 역할을 하는 기업으로 이해할 수 있다. 산업 내에 존재하는 기업은 이러한 관계로 인해 경쟁자의 시장진입을 꺼리게 하는 데 반해 보완자의 신규진입을 환영하거나 협조 및 지원하는 행동을 보인다. 그리고 자사와 관련된 보완자의 수와 종류가 많거나 그들의 혁신적인 노력과 활동이 강할수록 시장환경이 유리하지만, 반대의 경우에는 불리한 상황으로 시장이 전개되기 쉽다.

2.2.2 전략군 분석

앞서 살펴본 미시적 환경분석을 통한 기회와 위협요소의 파악 및 이에 대한 경영전략의 수립과 개발을 위한 적절한 분석단위로서 기업이 속한 산업이라는 점을 가정하고 있다. 이처럼 기업의 미시적 환경분석의 단위로서 산업을 선택한 이유는 산업 내 기업들은 기본적으로 동일한 위협과 기회에 직면한다고 가정하기 때문이다. 그러나 동일한 산업 내에 존재하는 기업 또는 기업군 모두가 실제로 동일한 위협과 기회에 직면한다고 말할 수는 없다. 다시 말해서 산업 내 일련의 기업들은 환경변화로 인해 서로 유사한 기회와 위협에 직면하지만, 그 외에 다른 기업들이 직면하는 위협과 기회는 다를 수 있다. 이와 같이 동일한 산업 내 다른 기업들이 직면하는 위협과 기회와 달리, 유사한 위협과 기회에 직면한 일련의 기업들을 '전략군(strategic group)'이라고 말한다.

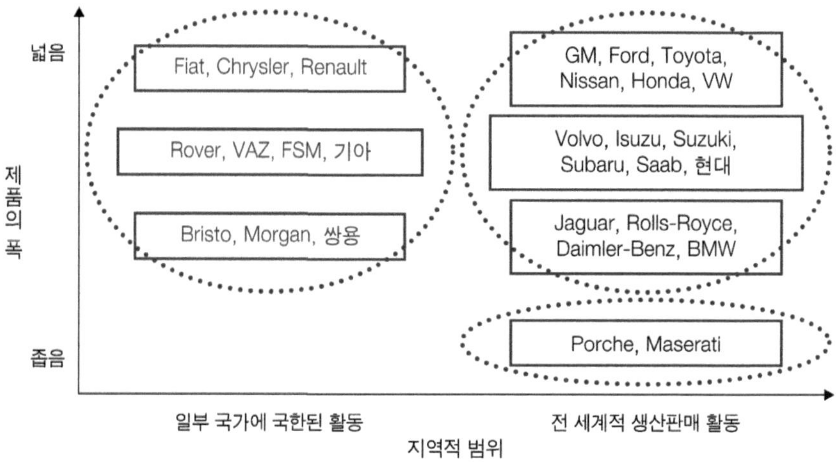

그림 3-6 자동차 산업의 전략군 사례

(그림 3-6)과 같이 전략군은 특정산업 내에서 유사한 경쟁전략을 추구하는 기업들의 집단을 의미한다. 따라서 동일 산업 내 기업들을 유통망, 표적고객, 디자인, 품질, 연구개발, 서비스, 가격, 광고 등의 전략적 요소를 기준으로 몇 개의 전략군으로 구분할 수 있다. 이때 동일집단 다시 말해서 같은 전략군에 속한 기업들은 기본적으로 같은 전략을 사용하지만, 타 집

단과는 전략적인 차이를 보인다. 이러한 전략군에 대한 개념의 정의는 산업경계의 모호성과 산업 내 기업이 직면하는 위협과 기회의 다양성에 대한 문제 모두를 해결할 수 있는 장점을 지니고 있다. 뿐만 아니라 산업환경을 보다 구체적으로 분석하고 환경으로부터의 기회와 위협요인을 보다 정확하게 파악하는 데 유용하다. 왜냐하면 같은 전략군 내 기업들이 유사한 전략을 사용하고 유사한 제품을 취급하기 때문에 직접적인 경쟁관계를 맺고 있고, 이로써 일차적인 위협요인들이 이들로부터 발생하는 경우가 대부분이기 때문이다.

이와 같이 전략군 분석의 장점은 같은 전략군 안에 있는 기업들의 움직임에 주의를 기울임으로써 보다 정확하고 용의하게 위협요인을 파악하고, 그에 따른 전략적인 대응방안을 마련할 수 있기 때문이다. 그 밖에도 전략군의 개념을 이용하면 같은 산업에 속하더라도 서로 다른 전략군에 해당되는 기업들은 그들의 잠재적인 경쟁자의 위협, 기존 경쟁자들 간의 경쟁, 구매자 및 공급자의 힘, 대체재의 위협 등이 상이하다는 사실을 이해하고, 나아가 해당되는 세부적인 내용을 파악할 수 있다. 그리고 이에 대한 대응방안도 전략군에 따라 각각 달리 모색할 수 있으며, 보다 세밀한 전략을 구사할 수 있는 장점이 있다. 뿐만 아니라 특정 전략군의 경우 구조적으로 매우 유리한 위치에 있을 수 있기 때문에 자사가 이러한 전략군에 속한다면, 향후 성공적으로 경쟁해 나갈 수 있는가에 대해 사전에 검토하고 필요한 방안을 모색할 수 있다. 만약에 환경적인 조건이 더 좋은 다른 전략군이 존재한다면, 그곳으로 이동하는 전략적 대안을 고려할 수도 있다. 그러나 일반적으로 다른 전략군으로의 이동은 비용 없이 손쉽게 이루어지지 않는다. 마치 특정 산업의 진입이나 퇴출을 시도할 때 장벽이 있듯이, 특정 전략군으로의 진입에 있어서도 장벽이 있기 때문이다. 이것을 '이동장벽(mobility barriers)'이라 부르는데, 이러한 장벽이 높을수록 신규진입의 위협은 적어지고, 그에 따라 전략군에 속한 기존 기업들은 계속해서 유리한 정책을 구사할 수 있다. 따라서 기업의 경쟁력 제고를 위해서는 진입장벽과 함께, 이러한 이동장벽에 대한 지속적인 관심과 확고한 장벽기반 구축을 위한 다양한 전략적인 방안을 강구하는 것이 필요하다.

3. 기업의 내부환경 분석

[기업의 내부환경]

일반적으로 기업의 내부환경이란 기업이 보유한 유무형의 자원과 능력을 뜻한다. 여기서 자원이란 기업이 전략을 고안하고 실행하는 데 이용할 수 있는 기업의 통제하에 있는 유무형의 자산을 말한다. 예를 들어 기업이 보유한 공장, 기계, 제품 등과 같은 유형의 자산뿐만 아니라, 기업에 대한 고객의 이미지, 제품의 선호도 및 충성도 등이 이에 해당된다. 반면에 기업이 보유한 능력이란 기업이 보유한 자원의 일부분, 즉 무형의 자원으로서 다른 자원들을 최대한 이용할 수 있는 마케팅 기술, 창의적 생각, 의사소통 역량, 협력적 행위 등과 같은 기능적인 사고와 행동을 의미한다.

[기업의 내부환경 분석]

기업의 내부환경 분석은 기업의 강점과 약점에 대한 점검 및 평가를 통해 기업의 전체적인 역량과 능력을 파악하는 과정이다. 기업의 강점과 약점은 경쟁사에 대한 상대적인 지위이자 경쟁력을 내포하고 있으며, 경영전략의 핵심적 요소로 작용한다. 그리고 '상대적인 지위가 어떠한가'를 파악하기 위한 평가기준은 경쟁사뿐만 아니라 우수기업, 사회적 기준, 기업의 외부환경 등을 적용할 수 있다. 그럼에도 불구하고 앞서 언급한 대상 중에서 주된 경쟁사와의 비교가 일반적인 평가기준이 되고 있다. 따라서 기업의 내부환경 분석이란 기업의 외부환경 특히, 경쟁사와 비교해서 자사의 강점과 약점을 파악하고, 이를 기초로 전략적인 수단과 방안을 마련하기 위해 필요한 정보를 얻기 위한 것이라고 할 수 있다. 이때 강점은 경쟁사에 비해 우위에 있는 독특한 자원과 능력을 뜻하며, 약점은 경쟁사에 비해 부족한 것으로서 기업의 목적과 성과를 달성하는 데 있어 방해하거나 제한하는 자원과 능력을 말한다.

[내부환경 분석의 전략적 의의]

기업의 내부환경을 분석하는 주된 이유이자 목적은 무엇보다 기업의 경쟁력을 식별하기 위한 내적인 강점과 약점을 점검하고 평가하기 위함이다. 나아가 기업의 강점은 더욱 강화하고, 약점은 보완하는 차원에서 전략적 접근 및 방안을 마련하기 위해 내부환경 분석을 실시한다.

한편 기업의 내부환경은 경영자가 어떠한 조치와 행위를 통해서 조정하고 관리가 가능하다. 그러나 기업의 외부환경에 대해서는 통제나 관리하기가 거의 불가능하다. 따라서 기업 입장에서 볼 때, 이러한 통제의 불가능성과 그에 따른 영향력을 최소화하기 위해서는 외부환경에 적응할 수밖에 없다. 이는 기업의 외부환경 변화로 인해 발생하는 기회와 위협에 대해 관리와 통제가 가능한 내부환경에 변화를 가하는 전략적인 행위가 불가피하다는 것을 의미한다. 그러므로 기업은 내적인 자원과 능력을 외적인 기회와 위협에 가장 유익한 방향으로 연결시키고자 환경분석을 실시한다고 볼 수 있다. 이때 내부환경 분석결과 파악된 강점은 경쟁적 핵심요소이자, 외부환경으로부터 발생하는 기회를 극대화하거나 위협을 극소화하기 위한 전략적인 수단의 기초가 될 수 있다. 다시 말해서 경영전략이 기업의 외부환경과 내부환경 상호 간에 적합한 상태를 유지하게 하는 결정적인 수단으로 작용한다는 것이다. 이러한 관점에서 볼 때, 특히 경영전략의 유효성을 제고하기 위해서는 기업의 내부환경에 대한 정확한 이해와 분석이 선행되어야 한다.

[내부환경의 분석방법]

경영전략을 수립하기 위한 내부환경 분석은 크게 기업의 가치활동과 내부자원이라는 두 가지 원천을 대상으로 실시할 수 있다. 왜냐하면 전략을 수립하기 위해서는 '기업의 어떠한 활동들이 경쟁력을 제고시키고, 나아가 기업의 가치를 증대시키는가'가 중점과제가 되기 때문이다. 또한 이와 함께 '기업이 보유하고 있는 자원과 능력 특히, 경쟁사에 비교해 차별화된 핵심역량이 무엇인가'에 대한 정확한 분석이 무엇보다 필요하고 중요하기 때문이다. 이에 대해 구체적으로 살펴보면 다음과 같다.

그림 3-7 내부환경의 분석방법

3.1 기업의 가치활동 분석

기업이 생존하고 발전하기 위해서는 경쟁사와 비교해서 경쟁우위를 확보해야 한다. 일반적으로 경쟁우위는 소비자들에게 혜택을 제공할 수 있는 기업의 '가치활동(value activities)'을 통해서 발생한다. 그리고 이러한 가치활동의 결과는 기업의 강점이자 경쟁우위의 원천으로 작용한다. 따라서 기업이 경쟁우위를 확보하고, 이를 위한 경영전략을 수립하기 위해서는 가치활동에 대한 정확한 이해와 함께 세부적인 활동내용 및 상호관계를 살펴보는 것이 필요하다.

기업의 가치활동을 체계적으로 이해하고 분석하기 위해서는 일차적으로 '가치사슬(value chain)'에 대해 알아볼 필요가 있다. 가치사슬에 대한 구체적인 내용은 맥킨지(McKinsey)컨설팅사와 포터(M.E. Porter)의 모형을 통해 파악할 수 있다. 그 밖에도 기업의 가치활동 분석을 위한 추가적인 도구로서 가치무리에 대한 분석도 중요하다.

3.1.1 맥킨지의 가치사슬 모형

경영학에서 가치사슬이란 '기업이 제공하는 제품이나 서비스가 경영활동의 어느 부분에서 가치가 더해지고 있는가'를 분석하는 데 사용되는 개념이다. 이에 대한 대표적인 사례로서 맥킨지컨설팅사가 개발한 비즈니스 시스템(Business System)의 가치사슬 모형은 기업의 가치창출에 포함된 중요한 활동을 기술개발, 제품 디자인, 생산, 마케팅, 유통, 서비스의 여섯 가지 분야로 나누고, 이들 활동분야에서 비용을 중심으로 기업의 경쟁적 우위를 분석한 것이다. 따라서 기업의 경쟁적 우위를 평가하는 데 있어 비교적 간단하면서 손쉽게 활용할 수 있는 장점이 있다. 반면에 이러한 본원적 활동 외에 존재할 수 있는 가치창출과 관련된 부분인 시설 및 인프라, 외부와의 협력관계, 원자재 및 구매 등을 소홀히 함으로써 보다 차별화되고 특성화된 경쟁요소를 발굴하고 확보하는 데 한계가 있다.

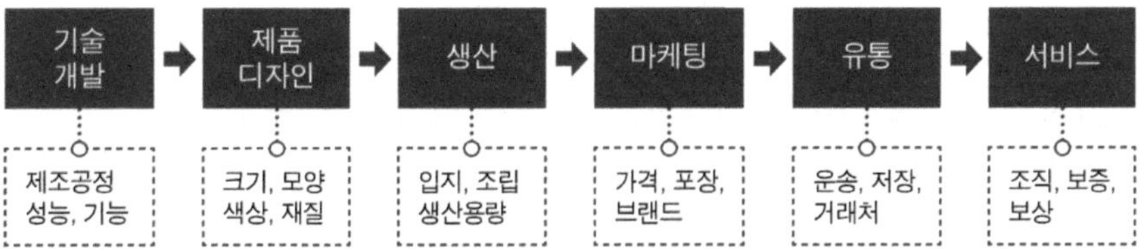

그림 3-8 맥킨지의 가치사슬 모형

3.1.2 포터의 가치사슬 모형

포터(M.E. Porter)에 따르면 경쟁의 우위는 디자인, 생산, 마케팅, 운송 등 기업이 수행하는 본원적이고 직접적인 활동과 이러한 활동을 도와주는 인적 자원, 사무행정, 연구개발과 기술 등과 같은 보조적인 지원활동을 통해서 발생한다. 예를 들어 원가우위라는 경쟁우위의 경우, 저원가의 물적인 유통시스템, 효율적인 조립공정 등과 같은 개별적인 경영활동에 의해서 발생할 수 있다. 마찬가지로 차별화라는 경쟁우위의 경우도 고품질의 원재료, 적절한 주문발송 시스템, 뛰어난 디자인, 신속한 서비스 등의 다양한 가치활동이 뒷받침되어야 한다. 즉 기업이 경쟁력을 확보하기 위해서는 가치창출의 활동을 통해서 경쟁기업에 비교하여 부분적으로나 전체적으로 상대적 우위를 점할 수 있어야 한다. 이러한 관점에서 포터는 기업의 전반적인 가치활동 다시 말해서, 구매와 재고관리부터 시작하여 생산 및 물류과정, 판매, 서비스 단계에 이르기까지 각각의 부문에서 비용이 얼마나 들고, 소비자들에게 얼마나 부가가치를 제공하는지를 정교하게 분석할 수 있는 가치사슬의 모형을 (그림 3-9)와 같이 제시하였다. 포터가 제시한 가치사슬 모형에 의하면 기업의 가치활동은 크게 본원적 활동과 이러한 활동을 보조해 주는 지원활동으로 구분되고, 이를 기준으로 개별기업의 여건에 적합한 가치창출의 활동을 구체적으로 분석할 수 있다.

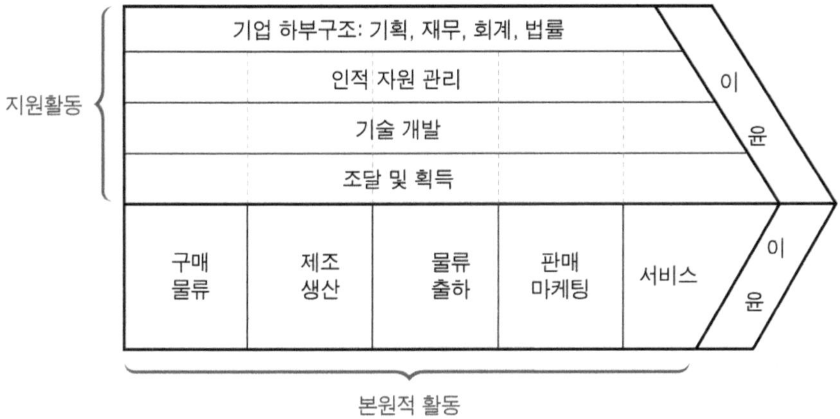

그림 3-9 포터의 가치사슬 모형

이와 같이 포터는 가치사슬을 가치창출에 포함된 모든 활동과 이윤으로 구성된 것으로 보고, 가치활동을 구체적으로 다섯 가지의 '본원적 활동(primary activities)'과 네 가지의 '지원활동(support activities)' 분야로 나누고, 세부 활동에서 발생하는 비용을 중심으로 활동별 비교우위와 문제점을 분석하였다. 따라서 경영자는 이러한 분석모형을 통해서 본원적 활동과 지원활동을 구성하는 세부적인 활동별 비용의 파악은 물론, 전체 비용에서 차지하는 비중을 중심으로 그 중요도를 평가할 수 있다. 그리고 이러한 결과를 경쟁사와 비교해 상대적인 경쟁우위를 파악하고 평가할 수 있다. 그 밖에도 비용의 원천에 대해 추적하고 분석이 가능하기 때문에 비용절감의 방안을 모색할 수 있다. 그러나 포터의 모형이 제조업을 중심으로 한 가치사슬이기 때문에 타 업종에 적용하는 데는 한계가 있다.

[가치창출을 위한 본원적 활동]

가치창출을 위한 본원적 활동은 다섯 가지의 기본활동으로 나누어지는데, 각각의 활동은 기업의 전략과 기업이 속한 산업의 특성에 따라 또다시 여러 가지 세부적인 활동으로 나눌 수 있다.

표 3-4 가치창출을 위한 본원적 활동

활동	내 용
구매 물류	투입 요소를 구입, 저장, 운반하는 것과 관련된 활동: 자재관리, 저장, 재고관리, 장비사용 계획, 반품 등
제조 생산	투입 요소를 최종 제품으로 만드는 활동: 기계작업, 포장, 조립, 설비유지, 검사, 인쇄와 설비가동 등
물류 출하	제품을 구매자에게 유통시키기 위한 수집, 저장과 관련된 활동 및 구매자에게 제품이 유통되게 하는 활동: 완성품 보관, 자재관리, 운송장비 관리, 주문처리, 유통 등
판매 마케팅	구매자가 제품을 구입하도록 하는 활동: 광고, 판촉, 시장조사, 경로선택, 경로관리, 가격설정 등
서비스	제품가치를 유지하고 증진시키기 위한 활동: 제품설치, 수리, 사용방법 교육, 부품공급 등

이러한 본원적 활동들은 업종에 따라 그 중요성이 서로 다르다. 예를 들어 유통업자의 경우 구매나 물류출하의 활동이 다른 활동보다 중요하지만, 고속복사기 제조업자의 경우에는 다른 활동보다 서비스 활동이 경쟁우위 및 가치창출에 있어 핵심적인 활동이 된다. 본원적 활동은 그렇지만 어느 기업이든 항상 존재하게 마련이고, 경쟁우위를 창출하는 데 있어 핵심적인 역할을 한다는 점은 공통적이다.

[가치창출을 위한 지원활동]

본원적 활동을 도와주는 활동이 지원활동이다. 지원활동은 크게 네 가지 활동으로 나누어지며, 본원적 활동과 마찬가지로 세부적인 활동으로 구성되어 있다.

표 3-5 가치창출을 위한 지원활동

활동	내 용
기업 하부 구조	• 일반관리, 기획업무, 재무관리, 회계, 법률문제 관리, 대정부 관리, 품질관리 등이 해당되며, 다른 지원활동과 달리 전체 가치사슬을 지원한다.
인적 자원 관리	• 채용, 훈련, 교육, 보상 등 인사관리 제반 활동이 포함된다. • 개별적인 주요 활동과 지원활동에 대해 지원하기도 하며, 전체 가치사슬에 대한 지원활동(예: 노사협상)도 한다.
기술 개발	• 기업에서 사용되는 기술은 광범위한데 문서작성 기술, 제품 운반 기술, 제품 생산 및 자체에 포함된 기술 등이 대표적인 예이다. 또한 최종 제품뿐만 아니라 기초연구, 제품설계, 광고매체, 공정설비, 서비스 절차 등에서 기술개발이 일어날 수 있다. • 기술개발 활동은 전체 가치사슬, 또는 특정한 주요 활동(지원 활동)에만 관련이 있을 수 있다.
조달 획득	• 구매 및 투입요소와 관련된 여러 기능을 포괄하는 활동이다. • 원재료, 비품, 소모품과 함께 기계류, 실험실 시설, 사무기기, 건물을 뜻하며, 주요 활동과 지원활동 전반에 걸쳐 사용된다. • 조달 및 획득활동은 기업의 원가우위나 차별화우위에 중요한 영향을 미친다.

이처럼 기업의 활동을 가치사슬의 내용에 따라 나누어보면, 각각의 부문에서 경쟁우위를 결정하는 요인이 무엇인가를 파악할 수 있다. 또한 기업에 따라 경쟁우위의 결정요인이 서로 다를 수 있다는 사실을 알 수 있

다. 특히 경영전략 측면에서 볼 때, 이러한 가치사슬에 대한 분석결과는 전략적인 방안을 도출하는 데 기초자료로 활용할 수 있다. 가치사슬을 이용하여 비용우위를 분석하고, 그에 따른 전략적 방안을 도출하려면 다음과 같이 다섯 단계를 거쳐 접근하는 것이 필요하다.

- 기업의 활동을 세분화한다.
- 분리된 세부활동이 총비용에서 차지하는 중요성을 파악한다.
- 각 활동별 비용의 결정요인을 분석한다.
- 각 단계 간 비용의 연관성을 파악한다.
- 구체적으로 비용을 어떻게 줄일 것인가를 파악한다.

이상에서 살펴본 내용에 따르면 결론적으로 가치사슬에 대한 분석은 '기업의 경쟁적 우위를 결정하는 중요한 활동들이 무엇이고, 이러한 활동들이 경쟁적 우위에 어떻게 그리고 얼마나 기여하고 있으며, 경쟁력을 강화하기 위해 어떠한 활동들의 효율성을 높여야 하는지' 등에 대한 질문에 답변을 제공하기 때문에 전략적 분석과 대안을 구상하는 데 매우 유용한 도움을 준다는 사실을 알 수 있다.

가치무리에 대한 분석

앞서 살펴본 바와 같이 경쟁우위를 파악하기 위해서는 그 원천적인 가치사슬을 분석해야 하며, 이를 위해서는 해당기업 고유의 가치활동을 명확히 구별해 내고 구체적으로 정의하는 것이 필요하다. 왜냐하면 이렇게 파악된 각각의 가치활동은 경쟁우위를 나타낼 수 있는 핵심요소가 될 수 있기 때문이다. 그러나 경쟁우위는 개별 활동으로부터 발생하기도 하지만, 활동 간의 연계로부터 발생하는 경우가 대부분이다. 따라서 기업이 경쟁우위를 확보하기 위해서는 전략적인 관점에서 각각의 활동에 대한 연계를 최적화시키는 것이 매우 중요하다. 이를 위해서는 가치활동 간의 관계를 정확히 파악하고, 상호작용이 원활하게 일어나도록 조직구조를 갖추는 것이 중요하다.

이와 함께 최근 들어 경쟁우위의 원천으로 기업내부의 가치활동에 국한할 것이 아니라, 다른 조직들과의 창조적인 상호작용과 관계설정을 이용한 가치활동이 부각되기 때문에 기업외부 활동의 중요성이 강조되고 있다. 왜냐하면 오늘날 경쟁우위를 창출하기 위해서는 기업내부의 독자적인 활동만으로 부족하며, 기업자신을 둘러싸고 있는 다른 경제주체들과의 창조적인 상호작용과 관계설정을 통한 공동의 가치창출 활동과 노력이 이루어져야 하기 때문이다. 이러한 이유로 소위, '가치무리(value constellation)'라는 개념이 도입되었다. 이것은 앞단계로부터 입력을 받아 단순히 가치를 덧붙이는 종전의 가치사슬 개념인 과정상의 가치창출 활동이 아니라, 다른 경제주체들과의 역할이나 관계를 근본적으로 재구성하여 창조적인 가치무리를 형성시킴으로써 새로운 형태의 가치를 창출하는 것을 의미한다. 이에 대한 사례로서 스웨덴의 세계적인 가구회사인 이케아(IKEA)의 경우, 고객과의 관계에 있어 전통적으로 회사가 담당해 오던 제품조립이나 유통의 업무에 고객을 참여시킴으로써 비용절감과 일(가구조립)의 즐거움이라는 새로운 가치를 창출할 수 있었다.

3.2 기업의 자원과 능력 분석

기업은 경쟁사가 모방하기 힘든 차별화된 역량을 보유할수록 강력한 경쟁우위를 확보할 수 있다. 기업이 보유한 자원과 능력은 이와 같은 차별화된 역량의 원천의 될 수 있다. 이때 차별역량은 개별기업이 가진 독특한 강점을 의미하는 것으로서 경쟁우위를 획득하는 데 있어 결정적인 역할을 할 때, 핵심역량이 된다. 따라서 경쟁력이 수반되는 전략을 개발하고 실행하기 위해서는 기업의 자원과 능력, 특히 기업의 핵심역량을 정확히 파악하는 것이 중요한 선결과제이다. 이외에도 기업의 자원과 능력을 보다 상세히 분석하기 위해서는 기업이 보유한 잠재력에 대해서도 분석할 필요가 있다.

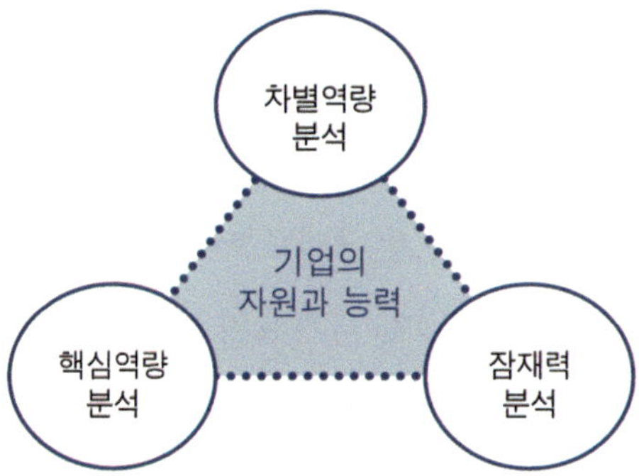

그림 3-10 기업의 자원과 능력 분석

3.2.1 차별역량 분석

[기업의 자원]

앞서 언급한 바와 같이 기업의 자원은 경쟁사와 비교해서 차별화되는 역량의 원천이 될 수 있다. 이러한 자원에는 재무자산, 유형자산, 인적 자산, 기술자산, 조직자산 등이 해당되며 크게 유형자산과 무형자산으로 구분할 수 있다. 유형자산에는 토지, 건물, 공장, 기계 등이 있으며, 브랜드 가치, 기업 이미지, 기술적 노하우 등은 무형자산에 해당된다. 이러한 자원이 경쟁사에게 강력한 상대적인 우위를 창출하기 위해서는 가치가 있어야 하고, 희귀해야 하며, 모방이 불가능하고, 대체물이 존재하지 않는 등의 속성을 지니고 있어야 한다. 그렇지 못할 경우에는 이러한 속성을 지닐 수 있도록 전략적인 방안과 개선책을 강구하는 것이 필요하다.

[기업의 능력]

차별역량의 원천으로서 기업의 자원에 못지않게 중요한 것이 기업의 능력이다. 여기서 기업의 능력이란 기업의 자원을 통합하여 생산적으로 쓰이게끔 하는 기술력을 의미한다. 이러한 기술력은 개별 구성원뿐만 아니라, 그들이 상호작용하고 의사결정하는 방식에 따라 결정된다. 거꾸로 말해서 이것은 기업이 아무리 독특하고 가치 있는 자원을 가지고 있더라도, 그 자원을 효율적으로 사용할 수 있는 능력이 없다면 차별역량을 창출하기 어렵다는 것을 의미한다. 따라서 기업이 차별역량을 구축하기 위해서는 독특하고 가치 있는 자원을 보유하는 것은 물론, 해당 자원을 효율적으로 활용하고 관리하며 나아가 새로운 자원을 개발할 수 있는 능력 및 기술력을 보유해야 한다.

[경쟁적 우위와 성공요인]

기업의 자원과 능력은 그 자체만으로 정확한 가치를 산정할 수 없다. 반드시 경쟁적인 환경과의 관계 속에서 차별역량의 가치를 평가하는 것이 중요하다. 다시 말해서 기업의 자원과 능력은 경쟁사의 것과 비교해서 평가 및 판단해야 한다. 왜냐하면 이렇게 함으로써 기업의 강점과 약점을 정확히 파악할 수 있고, 미흡한 분야는 과감히 개선하고 반대로 우위를 나타내는 분야는 더욱 강화시키는 전략적인 방안을 강구할 수 있기 때문이다. 또한 기업의 자원과 역량이 경쟁사에 비교해 모든 측면에서 우세하더라도 이것만으로 해당 기업의 경쟁적 우위를 높게 평가할 수 없다. 왜냐하면 경쟁사에 대한 경쟁적 우위가 해당 기업이 속한 산업과 시장에서 '성공요인(key success factors)'으로 작용하지 않으면, 경쟁적 우위의 전략적 중요성이 부족하기 때문이다. 따라서 경영전략의 관점에서 볼 때, 자원과 능력의 경쟁적 우위도 중요하지만 더욱 중요한 것은, 즉 유지 가능한 경쟁력 우위를 위해서는 기업이 속한 산업에 있어 성공요인으로 취급되는 것을 확보하는 것이다.

그림 3-11 경쟁적 우위의 결정요소

3.2.2 핵심역량 분석

[핵심역량의 개념과 특징]

차별역량의 원천이 될 수 있는 기업의 자원과 능력에 대한 분석과 함께, 기업의 강점과 약점을 도출하기 위해서는 경쟁우위를 결정하는 중요한 요소로 인식되는 핵심역량에 대한 분석이 필요하다. 여기서 핵심역량이란 기업이 가진 특별한 한 가지 기술뿐만 아니라, 여러 가지 기술의 집합을 의미한다. 그렇다고 핵심역량이 기업의 아무 기술이나 합쳐서 형성되는 것은 아니다. 핵심역량을 구성하는 기술은 일반기술과 비교해 다음과 같은 세 가지 측면에서 차이가 있다.

- 핵심역량을 구성하는 기술은 고객에게 가치나 혜택을 제공하는 기술이다.

• 핵심역량이 되는 기술은 경쟁사에 비교해 독특하다.
• 핵심역량을 구성하는 기술은 연장의 가능성이 있다.

이외에도 핵심역량을 부가가치를 창출하는 특정한 분야나 요소에 대한 기술적인 능력에 국한하기보다, 부가가치를 창출하는 활동 전체를 포괄하는 보다 광범위한 개념으로 이해할 필요가 있다. 왜냐하면 기업은 디자인, 마케팅, 유통, 제조, 서비스 등 광범위한 측면에서 핵심역량을 개발할 수 있고, 또한 이를 통해 경쟁사에 대한 차별화된 우위를 확보할 수 있기 때문이다.

[핵심역량과 핵심제품]

기업의 핵심역량은 일반적으로 새로운 사업의 선정에 도움을 제공함으로써 기업 전체적인 전략의 방향에 커다란 영향을 준다. 뿐만 아니라 기업의 경쟁우위는 최종제품이 아니라, 궁극적으로 핵심역량으로부터 발생한다는 사실을 유념할 필요가 있다. 왜냐하면 최종제품의 특성은 결과적인 열매이고, 기초적인 자원과 능력이라 할 수 있는 핵심역량이 궁극적으로 경쟁우위의 뿌리가 되기 때문이다. 예를 들어 디스플레이에 관한 핵심역량이 궁극적으로 TV, 컴퓨터 모니터, 자동차 계기판 등의 사업단위에 있어 기초가 되는 것과 마찬가지다. 이때 핵심역량을 기반으로 만들어진 기업의 핵심제품들은 여러 가지 최종제품들을 연결해 주는 중요한 역할을 한다. 다시 말해서 핵심역량은 대부분 부품이나 부분품의 형태로서 최종제품의 성능에 중요한 역할을 한다고 볼 수 있다. 따라서 기업의 전반적인 경쟁력을 파악하기 위해서는 최종제품보다, 핵심역량과 핵심제품을 정확히 파악하고 평가하는 것이 중요하다.

기업의 핵심역량 관리

기업의 근원적인 경쟁우위는 기업내부의 다양한 기술과 생산능력들을 독특한 핵심역량으로 결합시킬 수 있는가에 달려 있다고 말할 수 있다. 따라서 기업이 장기적으로 경쟁우위를 구축하고 유지하기 위해서는 핵심역량에 대한 전략적인 관리가 필요하다. 다음은 핵심역량을 효율적으로 관리하기 위해 필요한 몇 가지 전략적 방안들이다.

[핵심역량의 선택]

핵심역량을 전략적으로 관리하기 위해서 가장 먼저 고려해야 할 사항은 기업이 궁극적으로 구축하고자 하는 핵심역량을 올바르게 선택하는 일이다. 이에 대한 몇 가지 지침을 제시하면 다음과 같다.

- 핵심역량은 가능한 다양한 시장을 창출할 수 있어야 한다.
- 핵심역량에 의해 만들어진 최종제품이 소비자에게 충분한 만족을 제공할 수 있어야 한다.
- 경쟁사가 핵심역량을 모방하기가 쉽지 않아야 한다.

[핵심역량의 구축을 위한 전략적 설계]

일반적으로 핵심역량의 구축은 단시간에 이루어지지 않는다. 즉 핵심역량을 보유하기 위해서는 장기적인 관점에서 '어떠한 방법으로 핵심능력과 기초기술들을 만들어나갈 것인가'를 밝히는 전략적인 설계도를 작성할 필요가 있다. 구체적으로 기업이 경쟁상황에서 자사의 핵심역량을 구축하고, 이를 통해 시장을 장악하기 위해서는 다음과 같은 전략적 단계를 거치는 것이 중요하다.

- 핵심역량을 구성할 수 있는 주요 기술을 확보한다.
- 여러 가지 기술을 시너지적으로 결합 및 통합하는 기술을 개발한다.
- 결합 및 통합된 핵심기술을 주요 제품에 적용하여 시장점유율을 확장한다.
- 자체의 브랜드를 개발하고 시장점유율을 최대화한다.

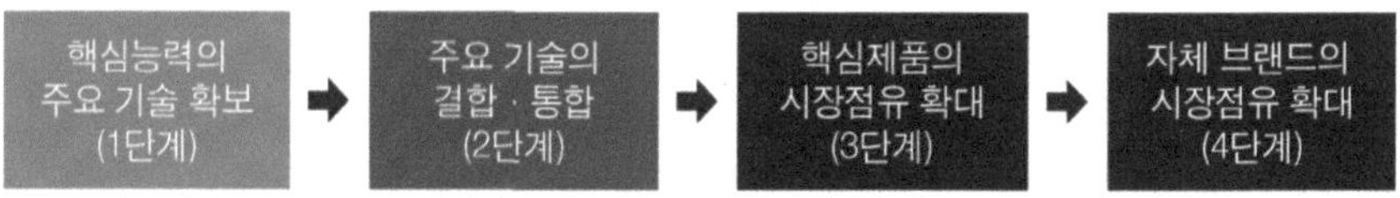

그림 3-12 핵심역량 확보를 위한 단계적 과정

이와 같은 전략적 설계는 기업의 각 사업단위와 구성원들에게 뚜렷한 목표의식과 투자의 우선순위를 제시할 뿐만 아니라, 장기적으로 체계적이고 일관성 있는 투자와 함께 목표지향적인 노력을 유도한다. 전략적 설계에 대한 예로써 핵심기술은 내부에서 자체적으로 연구 · 개발하고, 그 밖의 필요한 기술은 외부로부터 도입함으로써 효율적인 연구개발을 진행하는 것도 한 가지 방법이 될 수 있다.

[핵심역량 구축을 위한 조직관리]

핵심역량은 단순하게 자원을 결합하는 것으로 창출되기 어렵다. 핵심역량은 사람과 자원 사이의 상호작용은 물론, 구성원들 간의 복잡한 상호작용과 조정을 필요로 한다. 뿐만 아니라 핵심역량을 창출하기 위해서는 구성원들을 적절히 동기부여하고 설득하는 과정도 필요하다. 특히 여러 사업들을 전략적으로 관리해야 하는 전사적 차원에서 핵심역량을 구축하기 위해서는 사업부 상호 간의 교류와 협동을 유도할 수 있는 효과적인 조직관리가 필요하다. 다시 말해서 기업을 독립적인 사업단위의 집합체로서가 아니라, 핵심역량의 관점에서 사업부들을 파악하고 관리할 필요가 있다. 그 밖에도 특정한 핵심역량을 창출하기 위해서는 전략적인 관점에서 사업부들 간의 시너지를 활용하는 방향으로 조직을 관리해 나가는 것도 필요하다.

3.2.3 잠재력 분석

기업이 보유한 자원과 능력을 분석하고, 이를 기반으로 강점과 약점을 평가하고 이를 이용하여 경쟁우위를 창출할 수 있는 잠재력을 분석하는 기법이 VRIO 모형이다. VRIO 모형은 기업의 자원과 능력이 가질 수 있는 경쟁적인 잠재력을 평가하기 위한 네 가지 질문, 즉 가치(Value)에 대한 질문, 희소성(Rarity)에 대한 질문, 모방 가능성(Imitability)에 대한 질문 그리고 조직(Organization)에 대한 내용으로 구성되어 있으며, 이러한 이유로 VRIO 모형으로 불린다. VRIO 모형에서 특히 조직에 대한 질문은 조정요소로 작용한다. 즉 '조직이 자원과 능력을 어느 정도로 이용할 수 있는가'에 따라서 경쟁력의 차이가 결정된다는 것이다.

표 3-6 기업의 잠재력 분석(VRIO 질문)

질문	내 용
가치	기업이 보유한 자원과 능력이 환경적 기회를 이용하거나 환경적 위협을 중화시킬 수 있는가?
희소성	경쟁기업들이 가지지 못한 특별한 자원과 능력을 보유하고 있는가?
모방 가능성	기업이 보유한 자원과 능력을 경쟁 기업들이 모방할 수 있는가? 만약 그것을 획득하거나 개발할 때 원가열위를 가지는가?
조직	기업이 보유한 가치 있고 희소하며 모방하기 힘든 자원과 능력을 이용할 수 있도록 조직되어 있는가?

- 이러한 질문에 따른 평가결과로서 기업이 통제한 자원이나 능력이 가치가 없다면, 다른 경쟁기업들에 비해 경쟁열위에 있다. 따라서 기업은 이러한 약점을 보완하거나 전략을 선택 및 실행할 때, 이러한 자원이나 능력을 이용하지 말아야 한다.

- 기업의 자원이나 능력이 가치가 있지만 희소성이 없으면, 이러한 기업은 전략의 선택이나 실행에 있어 경쟁등위를 갖게 된다. 즉 경쟁우위

를 창출하지는 않지만, 그렇다고 이러한 종류의 자원이나 능력을 이용하지 않으면 경쟁열위에 빠지게 되는 위험이 있다.

• 기업의 자원이나 능력이 가치가 있고 희소하기도 하지만 모방하기 어렵지 않다면, 임시적인 경쟁우위를 창출할 수 있다. 즉 시간이 지남에 따라 후발기업들이 모방할 수 있기 때문에 선도기업의 경쟁우위가 사라지는 위험이 있다.

• 기업의 자원이나 능력이 가치 있고 희소하며 모방하기 어렵다면, 기업은 지속적인 경쟁우위를 창출할 수 있다. 이에 해당되는 것은 기업의 중요한 성공요인이자 핵심역량으로 취급하고 관리해야 한다.

표 3-7 VRIO 질문과 경쟁적 시사점

가치	희소성	모방 불가능성	조직	경쟁적 시사점
아니요	–	–	아니요 ↑ ↓ 예	경쟁 열위
예	아니요	–		경쟁 등위
예	예	아니요		임시적 경쟁우위
예	예	예		지속적 경쟁우위

4. 기업환경의 종합적 분석

지금까지 경영전략을 수립하기 위한 첫 단계로서 기업의 외부환경을 구성한 일반 및 산업환경과 기업의 내부환경에 대해 살펴보았다. 일반환경 분석에서는 기술, 경제, 정치 · 법률, 사회문화적인 환경에 대해서, 산업환경 분석에서는 경쟁상황하에서 기업의 기회와 위협요소를 파악하고자 하였다. 이에 반해 내부환경 분석을 통해서는 기업의 가치활동과 자원(능력) 기반의 관점에서 기업의 강점과 약점을 진단하고자 하였다.

이 장에서는 이러한 외부환경 분석과 내부환경 분석을 종합하는 동시에 기업의 전략을 결정하는 데 있어 주로 사용하는 기법인 SWOT 분석과 포트폴리오 분석에 대해 살펴보고자 한다.

4.1 SWOT 분석

[SWOT 분석]

기업의 외부환경 분석결과는 내부환경에 대한 분석결과와 종합하여 구체적인 경영전략으로 연결된다. 다시 말해서 기업의 내부환경 분석결과 나타난 내부의 강점과 약점은 기업의 외부환경 분석결과로 파악된 기회 및 위협과 연결됨으로써 기업의 강점을 중심으로 새로운 기회를 포착하는 동시에 예상되는 위협에 대응하며 제반의 약점을 보완하려는 경영전략을 형성하게 된다. 이와 같이 환경분석을 통해서 파악된 내적인 강점과 약점을 외적인 기회와 위협에 관련시켜서 전략적인 대안을 도출할 수 있도록 하는 기술적인 도구가 SWOT 분석이다. 여기서 SWOT이란 기업이 지니고 있는 강점(strength: S)과 약점(weakness: W), 그리고 외부환경으로부터의 기회(opportunity: O)와 위협(threat: T)을 의미하는 영어의 첫머리를 연결한 복합어를 의미한다.

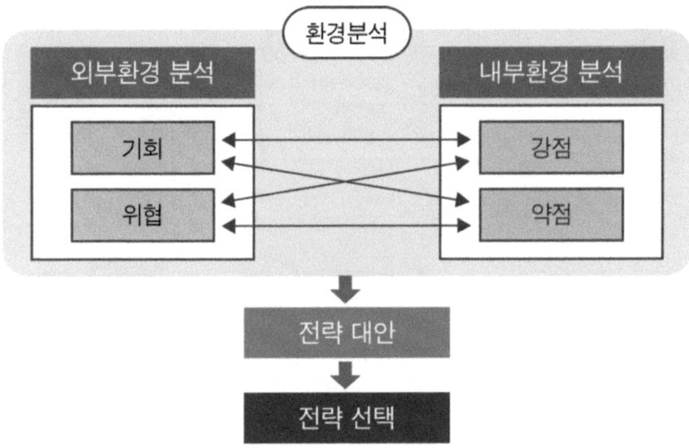

그림 3-13 SWOT 분석

SWOT 분석을 실행하면 외부환경 분석에서 파악한 기회와 위협과 내부환경 분석에서 도출한 강점과 약점이 하나의 틀 속에서 결합되고, 이를 통해 전략적 상황을 효과적으로 평가할 수 있다. 이처럼 SWOT 분석을 하는 이유이자 목적은 기업환경을 종합적으로 분석 평가하고, 이를 기반으로 기업의 목적을 달성하기 위한 적절한 전략을 마련하기 위함에 있다고 볼 수 있다. 다시 말해서 SWOT 분석은 외부로부터의 기회는 최대한 살리고 위협은 가능한 회피하는 방향으로, 경쟁사에 비해서 자신의 강점은 최대한 활용하고 약점은 보완한다는 논리에 기초하고 있다. 따라서 이러한 분석 방법을 활용한다면 전략수립에 있어 적지 않은 효과적인 도움을 받을 수 있다.

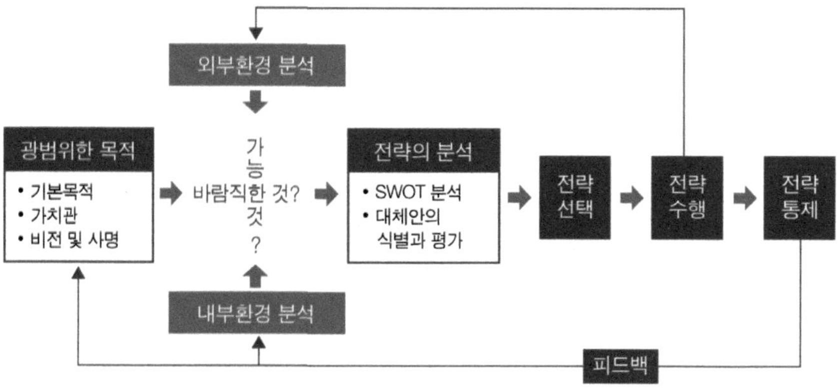

그림 3-14 SWOT 분석과 전략수립 과정

[SWOT 분석 기반의 전략수립]

앞서 언급한 바와 같이 SWOT 분석의 주된 목적은 내외적인 현실에 대한 냉철한 분석과 진단을 통해 기업의 비전과 목적을 달성하기에 적합하고, 동시에 기업의 강점을 최대한 살리고 위협은 회피하며 약점은 보완하고 기회는 포착할 수 있는 적절한 전략을 선택하는 데 있다. SWOT 분석을 통해 파악된 환경의 기회와 위협을 기업의 강점과 약점에 연계 및 배합하면, (그림 3-15)와 같은 네 가지 유형의 핵심전략을 도출할 수 있다.

내부 요인 / 외부 요인	강점(S) (1) (2) :	약점(W) (1) (2) :
기회(O) (1) (2) :	Ⅰ: 강점–기회전략(SO) • 기회와 강점 다 같이 많은 상황 • 기회를 살리면서 강점을 활용하는 전략대안 도출	Ⅲ: 약점–기회전략(WO) • 기회는 많으나 약점 있는 상황 • 약점을 극복하면서 기회를 살리는 전략대안 도출
위협(T) (1) (2) :	Ⅱ: 강점–위협전략(ST) • 강점을 지니나 위협환경에 직면 • 위협을 회피하면서 강점을 활용하는 전략대안 도출	Ⅳ: 약점–위협전략(WT) • 약점 지닌 기업 위협에 직면 • 위협을 회피하면서 약점을 극복하는 전략대안 도출

그림 3-15 SWOT 분석과 핵심전략

이러한 핵심전략을 기반으로 보다 구체적인 전략은 기업이 처한 환경에 따라 다양한 내용으로 개발할 수 있다. (그림 3-16)은 이에 대한 대표적인 사례이다.

그림 3-16 SWOT 분석과 기업전략 사례

4.2 포트폴리오 분석

[포트폴리오]

포트폴리오(portfolio)란 어원적으로 서류가방이나 자료수집철을 뜻하지만, 현대사회에서는 하나의 자산에 투자하지 않고 주식, 채권, 부동산 등 둘 이상의 자산에 분산투자할 경우 그 투자대상을 총칭하는 것으로서 경제주체가 보유한 금융자산 등 각종 자산을 구성한 것으로 이해되고 있다. 예를 들어 주식투자의 경우에 위험을 줄이고 투자수익을 극대화하기 위한 방안으로 여러 종목에 분산투자한 주식과도 같은 뜻이다. 이러한 개념의 포트폴리오는 오늘날 리스크 관리나 기업전략을 구사하기 위한 중요한 분석도구로 활용되고 있다.

한편 기업에서 언급되는 포트폴리오는 경영자원의 배분과 연관된 사업이나 제품 포트폴리오를 의미한다. 이는 구체적으로 사업(제품) 다각화 또는 사업구조 전략과 밀접한 관계가 있다. 특히 사업범위가 점차 확대되는 상황에서 기업은 개별사업뿐만 아니라, 신규사업을 선택하고 사업 간에 경영자원의 분배 및 사업 전체를 효율적으로 운영 및 관리하기 위한 기업전략을 중시하지 않을 수 없다. 다시 말해서 사업 다각화의 경우, '포트폴리오를 어떻게 구성할 것인가'는 기업전략의 핵심이 된다. 일반적으로 포트폴리오를 구성하는 데 있어 중요하게 고려해야 하는 사항으로서 사업의 매력도, 자사의 경쟁 우위성, 사업 간의 시너지 효과 등에 대한 세밀한 분석이 필요하다.

- **사업의 매력도**: 사업의 매력도에 대한 정확한 분석과 결과는 전략적인 판단을 하는 데 있어 중요한 자료가 된다. 분석을 위한 측정 척도로는 주로 해당 사업의 시장규모, 성장성, 수익성, 리스크, 국제화의 가능성 등이 고려된다.

- **자사의 경쟁 우위성**: 이에 대한 객관적인 평가는 경영자원의 투입 정도를 판단하는 기준이 된다. 측정척도로는 시장점유율, 고객충성도 등 시장에서의 지위, 경쟁사와 비교한 수익성, 조직의 기능별 우열평가 등이 해당된다.

- **사업 간의 시너지 효과**: 신규사업의 경쟁력을 평가할 경우 기존자원의 부분적인 활용가능성뿐만 아니라, 연관성 있는 모든 사업 간에 쌍방향으로 발생하는 서너지 효과도 고려할 필요가 있다. 이러한 시너지 효과는 기술력, 생산설비, 영업망, 브랜드, 이미지, 노하우, 인적 자원 등 다양한 분야로부터 창출된다.

[포트폴리오 분석기법]

포트폴리오 분석은 기업의 외부환경과 내부자원 상황을 연결시키고 합리적인 전략방향을 모색하는 데 적지 않은 도움을 준다. 실제로 앞서 언급한 세 가지 요소 즉 사업의 매력도, 자사의 경쟁우위성, 사업 간의 시너지 효과는 경영전략의 수립을 위한 다양한 유형의 포트폴리오 매트릭스로 개발되었다. 이러한 포트폴리오 매트릭스는 외부환경으로서 시장성장률이나 업계의 매력도를, 기업내부 상황으로서 시장점유율이나 경쟁능력을 중심으로 한 두 축의 평면도상에 각 사업의 위치와 현황을 제시할 수 있다. 이를 통해서 경영자는 기업의 자금흐름과 자원배분 그리고 전략적 방향을 모색할 수 있다. 특히 제품을 생산하는 기업은 사업단위(Strategic Business Unit: SBU)별로 포트폴리오분석을 적용함으로써 사업단위의 전략을 형성하는 데 유용한 도움을 얻을 수 있다. 대표적인 포트폴리오 분석 매트릭스로서 보스턴컨설팅 그룹(Boston Consulting Group)이 개발한 제품 포트폴리오 관리(Product Portfolio Management: PPM)와 GE(General Electric Co.)사와 맥킨지(McKinsey & Co. Inc.)가 공동으로 개발한 9개 매트릭스에 의한 비즈니스 스크린(GE's Business Screen)이 있다.

4.2.1 BCG 포트폴리오 모델

다각화된 기업을 전략적으로 관리하기 위한 개념 중에서 가장 대표적인 것이 기업의 포트폴리오를 분석하는 BCG 포트폴리오 모델이다. 이 모델은 원래 기업으로 하여금 어느 사업을 성장시키고, 어느 사업을 포기할 것인가를 전략적으로 결정하는 데 도움을 주기 위해 개발되었다. 이후 각 사업단위(사업부) 또는 제품계열에 대한 자원의 배분을 결정하는 데 도움을 주기 위해, 즉 현금을 원하고 공급하는 사업단위들(포트폴리오) 간의 균형을 모색하는 데 주로 사용되었다.

BCG 포트폴리오 모델은 세로축에 시장성장률(연성장률 10% 기준으로 높은 성장과 낮은 성장으로 구분)과 가로축에 시장점유율(최대 경쟁상대에 대한 상대적인 점유율)을 나타낸 매트릭스에 각 사업의 위치(원의 크기는 매출액에 따라 표시)를 표시하고, 기업 전체적으로 현금의 흐름이 균형을 이루도록 하는 관점에서 사업별 자원배분에 대한 기본적 사고의 틀을 갖도록 한다. 이로써 BCG 포트폴리오 모델은 기업이 보유한 사업단위들에 대한 객관적인 투자결정을 도와주는 관리적인 전략도구라고 할 수 있다. 또한 앞서 언급한 세 가지 요소 중에 사업의 매력도와 자사의 경쟁우위성에 대한 평가를 단순화한 분석모델이라고 할 수 있다.

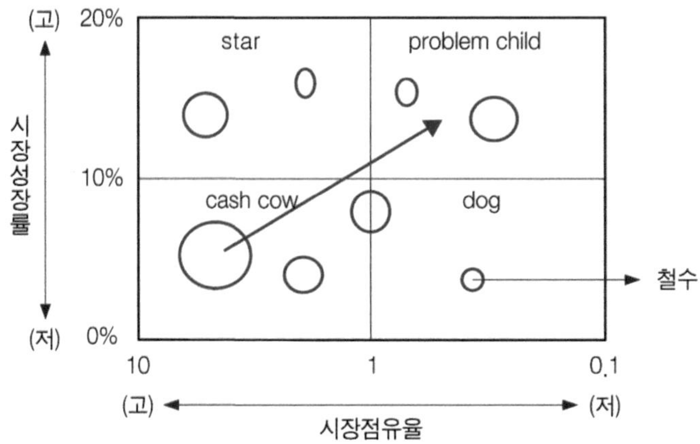

그림 3-17 BCG 포트폴리오 분석모델

(그림 3-17)에서처럼 왼편 위쪽에 위치한 제품은 고성장 시장에서 가장 높은 시장점유율을 장악한 「star 사업」 제품으로서 계속적인 성장을 위해 많은 자원이 소요되는 동시에 경험곡선 이론에 따라 원가우위에 위치하면서 많은 이익을 내는 유망 제품이다. 이와 반대로 오른편 아래쪽에 위치한 제품은 성숙 또는 쇠퇴하는 시장에서 시장점유율도 낮은 「dog 시장」 제품으로 이익을 창출하기보다는 기업의 자원을 소비하는 제품에 해당된다. 따라서 향후에도 시장전망이 좋지 않을 것으로 판단된다면, 적절한 시기에 사업을 철수하는 것이 합리적인 전략이다. 왼편 아래쪽에 위치한 제품은 저성장 시장에서 가장 높은 시장점유율을 장악해서 비교적 많은 자금을 얻을 수 있는 「cash cow 시장」의 제품이다. 현재의 수익성은 높지만, 향후 전망이 좋지 않을 것으로 전망되면 사업을 확장하기 위한 자원투입은 바람직하지 않다. 그 대신 「problem child 사업」에 자금을 지원하거나 향후 필요한 투자를 위해서 현금을 확보하는 전략이 필요하다. 끝으로 오른쪽

위편에 위치한 제품은 고성장 시장에 위치하고 있으나 낮은 시장점유율을 가진 「problem child 사업」의 제품으로서 시장점유율을 높이기 위한 비용이 요구되는 제품이다. 따라서 「cash cow 사업」 제품에서 얻은 자금을 투입하여 빠른 시간 내에 「star 사업」 제품으로 발전시키는 것이 바람직한 자원배분의 전략이라 할 수 있다.

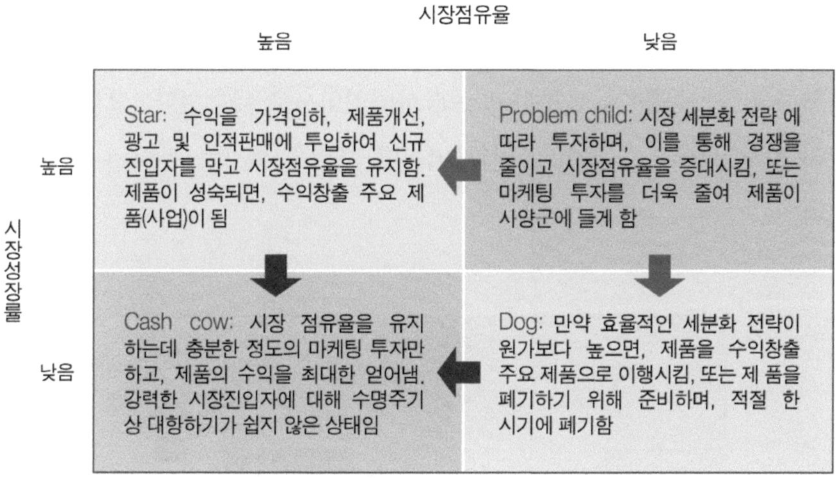

그림 3-18 제품 포트폴리오 전략

이와 같이 BCG 포트폴리오 모델은 사업단위의 성장전망과 경쟁적 위치를 중심으로 장기적인 전략방향을 모색하는 데 필요한 도움을 준다. 그러나 사업수명주기를 기반으로 시장성장률과 경쟁사에 비교한 시장점유율을 유일한 평가요소로 취급하기 때문에 외부환경을 정확히 파악하는 데는 한계와 문제점이 있다. 또한 사업단위 간의 관계를 현금흐름을 기준으로 하는 재무적인 측면에서만 분석이 가능하다. 즉 BCG 포트폴리오 모델은 모델의 단순화와 정량화로 인해서 보다 다양한 전략적인 세부방안을 모색하는 데 있어 어려움이 있다.

4.2.2 GE 포트폴리오 모델

GE 포트폴리오 모델은 단순한 평가(시장성장률과 시장점유율)를 축으로 한 BCG 포트폴리오 모델의 한계를 극복하기 위해 보다 많은 평가요소를 통합하고, 각 축을 세 등분하고 9개 사업영역으로 나누었다. 그럼에도 불구하고 두 모델은 외적인 차원과 내적인 차원을 축으로 한다는 공통점이 있다.

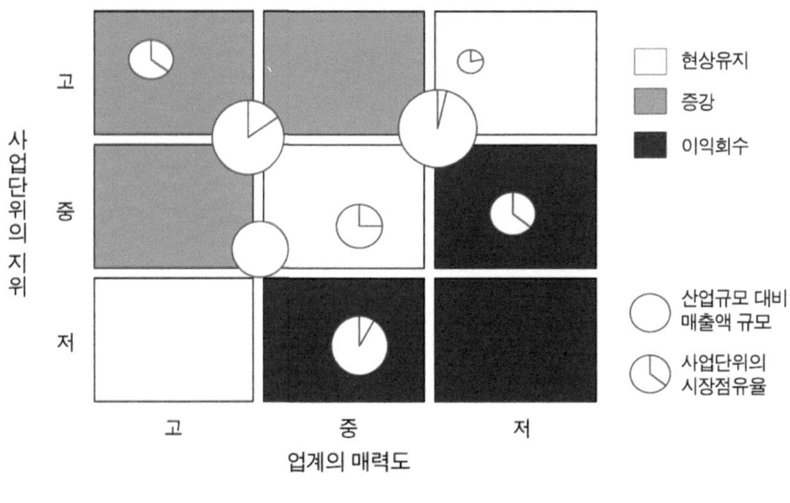

그림 3-19 GE 포트폴리오 분석모델

GE 포트폴리오 모델은 (그림 3-19)와 같이 복수의 평가요소를 조합하여 만들어진 두 개의 축, 즉 업계의 매력도(환경의 기회와 위협)와 사업단위의 지위(자사의 강점과 약점)에 따라 사업단위의 현황을 파악하고 자원배분의 방침을 결정할 수 있다. 이로써 GE 포트폴리오 모델은 SWOT 분석을 다각화 전략에 응용한 것으로 볼 수 있다.

GE 포트폴리오 모델은 업계의 매력도를 측정하기 위해서 시장의 규모와 성장률, 수익성, 진입장벽, 인플레이션 대응, 수출 가능성 등에 대해 종합적이고 정성적으로 평가한다. 예를 들어 시장규모는 크지만 성숙기로 인해 가격경쟁이 심할 경우 업계의 매력도는 종합적으로 평가하여 중간쯤이 된다. 이에 대해 사업단위의 지위이자 강점은 시장점유율, 경쟁상의 지위, 상대적 수익률 등을 평가기준으로 신중한 분석과 논의과정을 거쳐서 평가된다. 따라서 시장점유율이 2위라 할지라도 판매망이나 서비스가 약하고 고비용의 경우 사업단위의 위치는 종합적으로 중간 정도로 평가될 수 있다. 따라서 GE 포트폴리오 모델에 따른 평가결과 사업단위의 지위가 높고 사업의 매력도가 높을수록 투자를 우선적으로 늘리고, 반대로 사업단위의 지위가 낮고 업계의 매력도가 낮을수록 이익을 회수하는 전략을 구사하는 것이 바람직하다고 할 수 있다.

표 3-8 GE 포트폴리오 모델의 평가요소 사례

▪ 업계의 매력도

평가기준	평가지표
시장 규모	3년 평균의 업계 규모
시장 성장률	5년간 실질 연평균 시장 성장률
업계의 수익성	3대 경쟁상대의 3년 평균 이익률
인플레이션 대응	인플레에 의한 비용 및 수익의 변화율(5년간 평균)
수출 가능성	해외시장 진출 가능성

▪ 사업단위의 지위

평가기준	평가지표
시장의 지위	시장독점률, 3대 경쟁상대 비교 상대적 시장점유율
경쟁상 지위	비용우위, 품질우위, 기술우위 정도
상대적 수익률	투자 대비 수익률, 3대 경쟁상대 비교 이익률

이처럼 GE 포트폴리오 모델은 여러 가지 요소를 종합해서 평가하기 때문에 단위사업의 현황을 비교적 정확하게 파악할 수 있는 장점이 있다. 또한 단위사업의 지위와 업계의 매력도에 관련된 여러 가지 평가기준과 자료로 파악한 기회와 위협, 장점과 단점에 대한 전략적인 해결방안을 종합적으로 모색할 수 있다. 반면에 지표의 선정방법이 주관적이고 신뢰성이 결여되어 있으며, 현실적으로 대부분의 지표가 경쟁사와 비교하기 어려운 단점도 지니고 있다. 또한 발전과정에 있는 산업의 신제품 또는 사업단위의 지위를 효과적으로 나타낼 수 없을 뿐만 아니라, 시간이 지남에 따라

모든 것이 변화하는데도 불구하고 어느 특정시점의 현황 및 모습을 제시함으로써 정태적인 특성과 함께 주관적인 판단에 근거하는 단점도 있다.

표 3-9 GE 포트폴리오 모델 기반의 기본전략

구분		산업의 매력도		
		고	중	저
사업의 지위	고	성장 지배의 탐색 투자 극대화	성장 세분화 식별 강력한 투자 어디서든 지위 유지	전반적 지위 유지 현금흐름 탐색 유지수준 투자
	중	잠재력 평가 약점의 식별 강점의 활용	성장 세분화 식별 전문화 선택적 투자	불필요 부분 제거 투자의 극소화 포기 준비
	저	전문화 적지의 탐색 획득의 고려	전문화 적지의 탐색 탈출의 시도	리더 수완 신뢰 경쟁사 현금 생성 공격 탈출 및 포기

Ⅳ

기업의 비전과 목적

1. 기업의 비전
2. 기업의 목적

1. 기업의 비전

경영전략에 있어 기업의 미래상이라 할 수 있는 비전을 설정하고, 비전에 입각한 기업의 목적을 결정하는 것은 기업이 나아가야 할 방향을 제시한다는 측면에서 매우 중요하다. 특히 오늘날처럼 급변하는 경영환경에서 기업이 추구하고자 하는 미래상인 바람직한 비전을 설정하고, 그것을 달성하기 위한 장기적인 안목에 입각한 기업의 목적 설정과 경영전략의 수립은 기업의 생존과 발전에 있어 적지 않은 의미와 중요성을 지니고 있다.

1.1 기업의 비전과 사명

[비전]

기업의 경쟁우위를 확보하기 위해 우선적으로 필요한 일은 도전적이고 야망이 깃든 비전을 수립하는 것이다. 그리고 수립한 비전을 실현하기 위한 구성원들의 동기부여뿐만 아니라, 필요한 내부능력을 꾸준히 축적해 나가는 것이다. 여기서 비전(vision)이란 '기업의 꿈'이자, 기업이 전략적으로 지향하고자 하는 '미래상'을 의미한다. 다시 말해서 비전은 기업의 미래에 대한 바람직한 상태에 대한 표현으로서 구성원들에게 기업의 나아갈 방향과 기업이 바라는 것이 무엇인가를 전달하고, 그들이 추구해야 할 공동의 목적을 제시하며 그들의 힘을 모으는 동시에 동기를 불러일으키는 역할을 한다. 이러한 비전은 경영자의 개인적 경영철학을 반영하는 것은 물론, 미래의 기업환경과 기업의 강약점을 고려한 전략적 방향 및 목적과의 연계성을 구축하며, 내용과 표현에 있어서도 가능한 명확하게 정립되어야 한다.

[비전과 사명의 관계]

기업의 비전과 유사한 개념인 사명(mission)은 기업의 근본적 목적을 간단히 서술한 것이다. 다시 말해서 사명은 기업의 '존재이유'를 나타내는 말로서 다른 기업과 구분되는 사업의 범위와 활동영역을 광범위하게 표현한 것으로 이해할 수 있다. 예를 들어 '3년 이내에 256MD를 개발한다' '1960년대가 끝나기 전에 달을 정복한다' 등으로 기업의 사명을 나타낼 수 있다. 이처럼 사명은 기업의 목적을 제시하고 목적달성을 위해 구성원들의 힘을 모으는 데 비전과 비슷한 역할을 하지만, 목적달성의 시기를 제시하는 측면에서는 비전과 차이점이 있다. 즉 사명은 시간적인 측면에서 볼 때, 비전의 일부라고 할 수 있다. 이것은 시간의 흐름에 따라 사명은 변할 수 있지만, 궁극적으로 사명은 비전을 염두에 두고 비전을 향해 나아가야 하기 때문에 결국 사명과 비전은 서로 만나게 되는 관계에 있다는 것을 뜻한다. 따라서 만약 개인적인 차원에서 평생을 두고 이루어야 할 사명이 있다면, 이러한 사명은 비전과 같은 것으로 볼 수 있다.

표 4-1 사명에 대한 학자들의 개념 정의

사명이란 조직의 전체적인 목적과 철학을 포함하고, 광범위한 지침을 나타내는 것으로서 존재의 이유를 보여주는 핵심이다.(G.E. Grennley, Strategic Management)
사명은 조직의 존재이유로서 조직의 가치관과 포부를 나타내며, 다른 유사한 조직과 구분되는 기본적인 사업범위와 활동영역을 광범위하게 기술한 것이다.(R.L. Daft, Management)
사명은 조직이 무엇을 해야 하고 또한 무엇이 되어야 하는가에 관한 경영자의 비전이다.(A.A. Thomson & A.J. Strickland, Strategy Formulation and Implementation)
사명은 기본적인 목적을 규정하는 것으로 그것은 기업의 유형에 있어 다른 기업과 다르게 하고, 시장 및 제품의 영역범위를 명확하게 한다.(L.E. Boone & D.L. Kurtz, Management)

[비전, 사명, 경영철학, 경영목적과 전략의 관계]

학자에 따라 사명을 목적, 철학, 이념, 기본원칙 또는 비전이라는 다양한 이름으로 해석하고 논의함으로써 개념상 적지 않은 혼돈이 있는 것도 사실이다. 그럼에도 불구하고 사명은 무엇보다 존재의 이유, 즉 구체적인 방법인 'how'보다는 근본적인 가치와 신념을 바탕으로 한 'what과 why'와 관련된 개념에 초점을 두는 것이 타당하다. 또한 비전의 영향을 받은 사명은 사업을 운영함에 있어 필요한 가치관 및 신념을 뜻하는 경영철학과 밀접한 관계를 맺고 있으며, 경영목적과 경영전략을 수립하는 데 있어 기본적인 방향과 지침을 제공한다고 보는 것이 현실적으로 설득력이 있다. 다시 말해서 사명을 보다 구체적인 성과 또는 결과로 표현하는 것을 경영목적으로 이해할 수 있다.

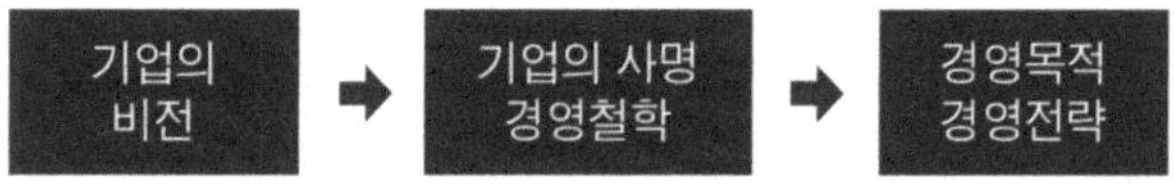

그림 4-1 비전, 사명과 경영철학, 경영목적과 전략의 관계

이처럼 기업의 비전, 사명과 경영철학 그리고 경영목적과 전략에 대한 개념 정의는 학자에 따라 각기 다를 수 있지만, (그림 4-1)과 같이 내용의 구성 및 실천에 있어 상호 간에 밀접한 관계는 물론, 일관성을 유지해야 한다는 사실은 부인할 수 없다. 따라서 비전을 실현하는 과정에 있어 기업의 특성이 반영된 사명과 경영철학을 명확하게 정립하고, 이를 기반으로 세부적인 경영목적이 설정되고 추구되어야 하며, 경영전략의 정당성 및 타당성은 경영철학과 경영목적으로 뒷받침되어야 한다.

기업의 경영철학

경영철학(business philosophy)은 신념, 이상, 기본원칙, 윤리 또는 신조 등과 유사한 개념으로 다양하게 설명되고 있지만, 일반적으로 기업을 운영함에 있어 구성원들의 행동을 안내하는 기본적인 신념 또는 가치관을 의미한다. 이것은 기업이 '어떻게 사업을 운영하려 하는지'에 관한 방향과 내용을 포함한 것으로서, 기업은 이를 통해 다른 기업들과 차별화된 독특한 이미지를 확립하는 동시에 강력한 기업문화를 형성할 수 있다. 특히 기업이 어려움에 봉착하였을 때, 경영철학이 흔들리지 않고 앞으로 나아가야 할 방향을 제시해 주는 기능과 역할을 할 수 있다. 그 밖에도 경영철학은 사명과 불가분의 관계에 있다. 이는 경영철학이 사명과 언제나 분리되어 있는 것이 아니라, 대부분 경영철학이 사명에 묶여 기술되거나 사명이 경영철학보다 상위의 개념으로 논의된다는 것을 의미한다.

표 4-2 경영철학에 대한 학자들의 개념 정의

경영철학이란 일련의 문제해결에 있어 목적과 원칙과 전반적인 접근방법의 논리적인 사고 시스템이며 표현이다.(K. Davis & A.C. Filly, Principles of Management)
경영철학은 기업활동의 모든 측면에서 구성원들의 행동을 안내하는 가치관과 신념을 설정하는 바의 기본적인 것이다.(G. Boseman & A. Phatak, Strategic Management)
경영철학은 기업을 운영하기 위한 방향으로 가치관, 신념 및 지침을 설정하는 것이다.(J.A. Pearce & R.B. Robinson, Management)
경영철학은 주로 최고경영자에 의해 명확히 된 비교적 영구적인 기술이다.(A.C. Hax & N.S. Majluf, The Strategy Concept and Process)

이와 같은 학자들의 개념 정의에 따르면 경영철학은 기업의 경영활동, 구체적으로 경영전략이 '무엇을(what) 어떻게(how) 수행할 것인가'에 대한 목적론적이고 방법론적인 것에 앞서 그것을 '왜(why) 수행하는가'라는 기업의 근본적인 존재이유와 밀접한 관계가 있다고 볼 수 있다. 이로써 경영철학은 기업 전체에 대해 비교적 영구적으로 영향을 미치는 것으로서 '기업경영은 경영철학에서 시작되고 끝난다'라고 해도 과언이 아니다.

1.2 비전의 역할과 중요성

경영전략을 수립하기 전에 먼저 해야 할 일은 기업의 비전과 사명을 설정하는 것이다. 왜냐하면 경영전략의 세부내용이 비전을 중심으로 상호간에 효과적으로 연결되어야 기업의 장기적인 성과를 높일 수 있기 때문이다. 또한 경영자원을 배분하는 행위도 비전에 입각하여 체계적이고 연관성 있게 이루어져야 그 유효성을 높일 수 있기 때문이다. 나아가 구성원들에게 자신들의 기업이 왜 존재해야 하는가에 대해 정확히 깨닫고 인식하게 함으로써 경영전략의 실행과정에 있어 보다 강한 정체성과 자긍심을 갖고 조직에 몰입하도록 하기 때문이다. 만약 기업이 명확한 비전 없이 단기적인 이익에 치우치거나 단편적인 사고에 입각한 전략에 치중한다면, 구성원들의 동기와 열정은 물론 고객, 지역사회 등의 이해관계자들로부터 협조와 공감을 이끌어낼 수 없을 것이다. 그 밖에도 비전은 기업경영에 있어 다음과 같은 중요한 역할과 의미를 제공한다.

- 비전은 기업이 가고자 하는 전반적인 방향을 명확히 해줌으로써 하부의 의사결정들이 지닌 고민을 덜어줄 뿐만 아니라, 분명한 틀 안에서 일관성 있게 사고와 행동이 이루어지게 한다.

- 비전은 나아가야 할 방향을 분명하게 해주고, 조직과 개인의 이해관계가 서로 맞아떨어진다는 것을 이해시키고 설득하기 때문에 구성원들 서로가 협력하도록 한다. 또한 비전을 통해 무엇을 해야 하는지를 스스로가 알고 있기 때문에 자발적이고 효율적인 조정의 기능이 크다.

- 비전은 구성원들이 변화에 적극적으로 동참하도록 하는 공감대의 형성과 동기부여의 역할을 한다. 예를 들어 사용 중인 건물을 레노베이션할 경우, 구성원들에게 새 건물의 조감도와 같은 비전을 보여준다면 향후 기대되는 좋은 혜택과 만족으로 당분간의 불편을 감수하고 보다 적극적인 동참과 협조를 이끌어낼 수 있다.

- 비전은 급변하는 경영환경을 헤쳐 나가는 데 필요한 나침반과 같은 역할과 함께 구성원들의 힘을 모으고, 그들의 동기를 불러일으키는 역할을 한다. LG그룹의 경우, 80년대 중반 이후 급변하는 경영환경에 대처하기 위해 우선적으로 실행한 것이 '21C 초우량기업으로의 성장"이라는 비전의 재정립이었으며, 이를 통해 당시의 위기상황을 기회의 순간으로 전환할 수 있는 계기가 되었다.

1.3 비전의 설정과정과 주요 내용

비전이란 기업이 지향하고자 하는 미래상으로서 단순히 꿈과 희망을 표현한 것이 아니라, 장기적인 안목에서 현실과 미래의 목표를 연결시키는 구상이다. 비전을 실현하기 위해서는 설정한 비전을 기반으로 경영자원의 합리적인 배분과 일관성 있고 통합된 목적지향적인 행동이 이루어져야 한다. 특히 오늘날 비전이 더욱 중요시되는 이유는 급변하는 경영환경 속에서 보다 거시적이고 능동적으로 대처할 필요성이 높아졌기 때문이다.

[비전의 설정과정]

일반적으로 비전은 최고경영자에 의해 구성원들에게 제시된다. 또한 비전을 설정하는 과정에 있어 사회 · 문화적인 차이에 따라 다를 수 있지만, 최고경영자뿐만 아니라 임원과 관리자, 종업원 등 이해관계자들의 생각과 열망이 직간접적으로 반영되고 통합되는 경우가 대부분이다. 다시 말해서 최고경영자는 비전에 대한 전체적인 틀을 제공하고, 임원진과 종업원들이 이에 동의하고 구체적인 내용들을 보충함으로써 합의된 비전을 도출하게 된다. 이때 최고경영자가 제시하는 비전에 대한 틀이나 개념적인 윤곽은 경영환경에 대한 세심한 분석에 기초해야 한다. 그리고 이와 같은 합리적인 분석이나 체계적 사고도 중요하지만, 이것 못지않게 최고경영자의 통찰력과 직관도 중요한 역할을 한다는 점을 유념할 필요가 있다. 그 밖에도 바람직한 형태의 비전을 만들기 위해서는 조직내부 이해관계자의 관점과 함께 가능한 고객, 경쟁자, 정부, 지역사회 등 외부의 생각을 반영할 필요가 있다. 왜냐하면 기업외부로부터의 지식과 생각이 의외로 내부에서 생각할 수 없는 직관과 통찰력을 제공할 수 있고, 무엇보다 외부와의 관계나 공감대의 형성 없이 기업의 활동이 제대로 이루어질 수 없기 때문이다.

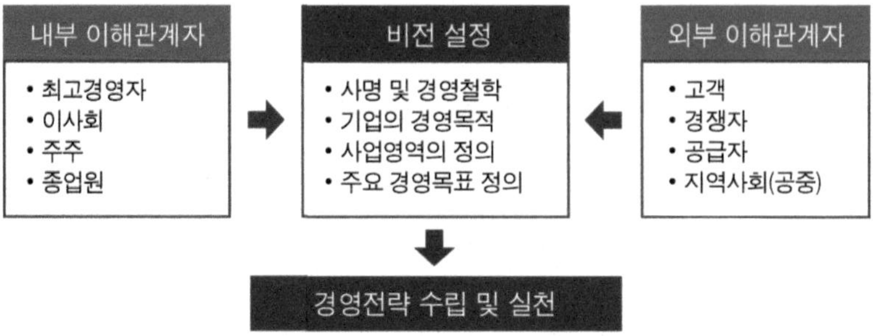

그림 4-2 비전의 설정과정

[비전의 주요 내용]

비전에 제시되는 내용은 기업이 처한 상황이나 최고경영자의 가치관, 신념 등에 따라 다양하게 나타날 수 있지만, 일반적으로 포함되어 할 주요 내용과 특징은 다음과 같이 정리할 수 있다.

- 전략적 성공요인의 핵심을 나타내야 한다. 예를 들어 일본전기(NEC)의 비전 'Computing and Communications'는 컴퓨터기술과 통신기술의 결합을 극대화할 수 있는 기술분야의 1인자가 되겠다는 목표를 분명히 하고 있다. 이러한 비전은 급변하는 정보기술 산업에서 성공할 수 있는 핵심요인을 비교적 잘 반영하고 있다.

- 장기적이고 가능한 변화하지 말아야 한다. 비전이 시간의 흐름에 따라 자주 변화하는 경우, 실천에 있어 문제가 발생할 수 있다. 특히 비전은

중단기적인 의사결정과 자원배분 및 투자행위의 방향을 결정하는 것은 물론, 하부시스템 간의 조화롭고 일관성 있게 업무가 이루어지도록 하는 역할을 수행해야 하기 때문에, 비전이 자주 바뀌면 일관성 있고 목적지향적인 경영활동이 불가능해진다.

- 구성원들의 자발적인 참여와 몰입을 유도할 수 있는 매력적이고 실현 가능하며, 명백한 내용을 지니고 있어야 한다. 추상적인 비전으로서는 기업의 목적달성과 구성원들의 구체적인 노력 및 동기부여를 이끌어 내기가 어렵기 때문이다. 예를 들어 캐논의 경우처럼 '타도 제록스!'와 같이 구성원들에게 보다 구체적인 방향을 제시하는 것이 바람직하다.

1.4 기업의 바람직한 비전

기업의 비전은 기업의 사명과 경영철학 그리고 구체적인 경영전략과 상호 일관성을 유지하면서, 조직 전체를 통합하는 연결고리의 역할을 제공하여야 한다. 특히 성공적인 경영전략에 기여하려면 비전의 내용과 표현이 구성원들에게 보다 잘 전달되고, 그들이 쉽게 이해하고 동기를 자극할 수 있어야 한다. 이를 위해 다음과 같은 요건들을 충족시킬 필요가 있다.

- 비전은 무엇보다 구성원들이 쉽게 이해하고 기억하기 쉬우며 실감 있게 느껴져야 한다. 이를 위해서는 가능한 비전을 간단하고 명료하게

표현하며, 특히 기업의 전통과 문화 그리고 구성원들의 충격적인 경험과 연결시켜 실감 있게 구성해야 한다.

• 비전은 마냥 뜬구름 잡는 꿈 같은 얘기가 아니라, 실현 가능하고 진실로 받아들일 수 있어야 한다. 비전은 거창하지만 달성 가능한 것으로 와닿지 않으면 비전으로써 효과가 없다. 또한 구성원들의 힘을 모으고 동기부여하기 위해서는 비전 자체가 신뢰성을 지녀야 한다. 이를 위해서는 비전의 내용이 기업이 당면한 상황에 비추어 타당하고 합리적이어야 하며, 구성원들이 지각하는 경영자의 이념과 행동에 비추어 일관성이 있어야 한다. 다시 말해서 비전에 제시된 내용은 상황분석이나 경영진단의 결과를 통해서 나타날 수 있는 현실적인 이슈나 문제점을 중심으로 타당성 있고 진실 되게 구성되고, 나아가 기업의 전통과 고유한 강점을 토대로 합리적으로 설계되어야 한다.

• 비전에 제시되는 목적과 미래의 상태는 높은 수준의 의욕적이고 도전적인 목표를 지향함으로써 구성원들에게 매력적인 자극을 주는 동시에 상상에 그치는 것이 아니라, 가시적인 효과가 실제로 나타나서 그들에게 혜택으로 돌아오는 것이 있다는 것을 보여줘야 한다. 그리고 이를 통해서 그들이 직접적으로 보람을 느끼고 자부심을 가질 수 있도록 표현해야 한다.

• 비전은 장기간에 걸쳐 실현되는 만큼 일관성 있고 꾸준하게 추진되

면서도 환경변화에 적응할 수 있도록 그 내용이 유연하게 구성되어야 한다. 이러한 비전의 유연성은 환경변화에 따른 비전의 타당성을 유지하고, 내부의 혼동을 방지하며, 안정적이고 끊임없이 그리고 일관성 있게 기업을 경영할 수 있도록 하는 데 중요한 역할을 한다. 또한 비전은 이와 같은 유연성과 함께 융통성의 여지를 남겨두어야 한다. 다시 말해서 비전은 너무 추상적이어서도 안 되며 그렇다고 너무 구체적이어서도 안 된다.

• 비전에 대한 구성원들의 공감대를 확보하는 것이 중요하다. 비전이 단지 구호에 그치지 않고, 실현으로 이어지기 위해서는 비전을 수립하는 단계부터 구성원들과 활발한 의사소통을 통한 이해와 광범위한 공감대를 형성하는 것이 필요하다. 이를 위해서 의견조사, 사내 아이디어 모집, 위원회 설치 등을 통한 중간관리자나 젊은 사원들의 적극적인 참여와 협조를 유도하는 것이 중요하다.

표 4-3 비전의 사례

서부의 하버드가 된다.(Stanford University)
10년 내에 1,250억 불짜리 기업으로 성장한다.(Wal-Mart)
RJR을 세계 담배시장 1위 자리에서 밀어낸다.(Philip Morris)
우리가 경쟁하는 모든 시장에서 1등이나 2등이 된다. 그리고 이 회사를 중소기업처럼 스피드 있고 민첩한 회사로 변신시킨다.(GE)

비전경영(Vision Management)[1]

최근 국제화·개방화가 가속화되고 경쟁이 점차 치열해짐에 따라 국내 기업 대부분이 종전의 무사안일주의적이거나 관료주의적인 의식과 행동을 타파하기 위해 나름대로의 노력을 시도하고 있다. 그러나 이러한 기업변신의 노력이 거시적인 차원에서 체계적으로 실시되는 것이 아니라, 단지 환경변화에 대한 적응에 급급한 나머지 임시방편적으로 진행되는 것은 아닌지 우려된다. 특히 오늘날처럼 기업 환경변화가 기업의 생존을 좌우할 만큼 커다란 영향을 끼치고, 이러한 환경변화에 대한 기업의 대응이 조직의 어느 일부분이나 경영과정의 일부 기능적 개선으로 실현되기보다는 기업의 총체적인 변신이나 혁신에 의한 근본적인 변화를 요구하는 만큼, 변화의 내용과 방향이 조직구성원들에게 명백히 제시되고, 이를 통해 구체적인 변신전략의 수립과 추진과정이 구성원으로부터 이해되고 공감되어야 한다는 주장이 점차 커지고 있다. 이와 맥을 같이하여 기업에서의 비전내용 및 역할이 종전의 형식적인 것에서 탈피하여, 보다 실질적이고 합리적으로 구성되어야 한다는 것에 대한 요구도 증가되고 있다.

그러나 대부분의 기업에서 비전의 중요성을 인식하지 못한 채 소홀히 취급되고 있는 상태이다. 따라서 기업경영에서 흔히 언급되는 비전이 무엇을 의미하는가에 대한 개념 정의와 비전이 갖추어야 할 기본적인 사항이 무엇이며, 그리고 비전이 어떻게 형성되어야 하는지에 대해 살펴볼 필요가 있다고 생각한다.

---

1) 이학희, Business Focus, 제일경제연구소, 1996. 10.

(1) 기업에서 비전이란

기업에서 비전은 미래에 바라는 기업의 상태를 가능한 한 뚜렷하고 명확하게 표현한 것으로서 기업구성원들에게 기업의 미래 발전방향과 기업이 바라는 것이 무엇인지를 전달하고, 그들이 추구할 공동목적을 제시하며, 이를 달성하기 위하여 그들의 힘을 모으고 그들의 동기를 불러일으키게 하는 역할을 한다. 비전에 제시된 내용은 기업의 현재와 미래에 대한 상황분석과 경영진단에서 제기된 이슈나 문제점을 중심으로 타당하게 구성하고, 가능한 기업의 전통과 고유의 장단점을 고려하여 합리적으로 설계되어야 한다. 비전에 제시될 구체적인 내용은 기업체마다 다르겠지만, 일반적으로 포함되어야 할 중요사항은 다음과 같다.

- **사업영역**: 기업이 전개할 사업부문 및 방향성
- **역할과 사명**: 사업영역과 관련한 경영의 가치관 및 신념
- **성과목표**: 기업이 추구하고 지향하는 성과
- **이해관계자와의 관계**: 종업원, 주주, 고객, 지역사회 등 기업의 이해관계자들과의 관계에 대한 경영의 자세

대체로 이들 사항은 비전에 간략하게 표현되기 때문에, 이를 바탕으로 기업의 경영 헌장과 규범 그리고 행동지침 등 여러 가지 형태의 운영 및 실천가이드에서 사업단위의 성격과 실제업무에 맞추어 비전을 실현시키기 위한 구체적이고 상세한 행동가이드의 작성이 요구된다. 또한 조직구성원들에게 비전이 왜 필요한지에 대한 자세한 설명과 적극적인 홍보가 필요

하며, 비전의 정당성과 타당성을 위해 구성원들이 공감할 수 있도록 이론과 실증에 의하여 뒷받침되어야 한다.

(2) 비전이 갖추어야 할 요건

비전의 설정 · 추진이 성공적으로 이루어지려면 다음과 같은 요건을 갖추어야 한다.

첫째, 비전의 역할이 제대로 실현되기 위해서는 우선 비전내용이 구성원들에게 잘 이해되어야 하고 실감 있게 느껴져야 한다. 따라서 비전은 명백하게 표현되어야 하고, 특히 기업의 전통과 문화 그리고 구성원들의 경험과 연결시켜 실감 있게 구성되어야 한다. 또한 간략하고 명백하게 표현된 비전에 대한 구성원들의 이해를 돕기 위해서뿐만 아니라, 비전을 구체적으로 실현시키기 위해서 특정기간 동안에 핵심주제나 테마를 몇 가지로 제한 · 설정할 필요가 있다. 이때 바람직한 방향으로 인식되는 것은 비전의 핵심주제를 2~3년 동안에 세 개 정도로 제한 집중화하고, 그다음 기간 동안에 또 다른 새로운 주제가 강조되어 비전 실현을 위한 꾸준한 노력이 필요하다. 뿐만 아니라 이처럼 핵심주제가 단계적으로 강조될 경우 기간별 주제 간에 일관성의 유지가 필히 요구된다.

둘째, 비전에서 제시되는 목적과 미래상은 의욕적이고 도전적인 목표를 지향하고 구성원에게 고무적인 자극을 주는 동시에 현실적으로 가시적인 효과가 나타나서 그들이 직접 보람을 느끼고 자부심을 가질 수 있어야 한다. 그리고 비전이 오랜 기간을 걸쳐 실현되는 만큼, 일관성 있게 꾸준히 추진되면서도 기업 환경변화에 자연스럽게 적응할 수 있도록 그 내용이 유연성 있게 구성되어야 한다. 왜냐하면 비전의 유연성은 기업 환경변화로 기존의 비전이 타당성과 현실성을 잃거나 기존의 비전에 변화가 불가피하여 기업내부에 혼돈을 가져오는 것을 방지할 수 있기 때문이다.

셋째, 비전이 구성원들의 동기를 불러일으키려면 무엇보다도 비전 자체가 신빙성을 지녀야 한다. 신뢰받는 비전을 구성하려면 그 내용이 기업이 당면한 상황에 비추어 타당하고 합리적이며, 구성원들이 지각하는 최고경영자의 이념에 비추어 일관성이 있어야 한다. 즉, 비전은 구성원이 감지한 최고경영자의 평소 경영철학이나 관행 그리고 실제 경영행동과 일관성을 지녀야 설정된 비전 내용이 그들에게 진실로 그리고 진지하게 받아들여지기 때문이다. 따라서 기업 내외적인 환경에 대한 심층적 연구조사 없이 단순히 제시된 비전이나, 다른 회사를 모방한 비전 또는 평소 최고경영자의 경영이념과 실제행동으로 뒷받침되지 않는 비전은 구성원들로부터 신뢰를 얻기 어렵다. 따라서 그들의 힘을 모으고 동기를 자극시키기가 어렵다.

(3) 비전의 설정 및 추진방법

비전의 설정과정에서 최고경영자가 얼마나 주도적인 역할을 하느냐에 따라 최고경영자 중심의 비전형성방법과 경영자들 간의 합의중심방법으로 분류할 수 있다.

최고경영자 중심의 비전형성방법은 최고경영자 자신이 비전을 제시하고 구성원들을 설득시키고 그들의 힘을 모으는 데 주도적인 역할을 한다. 이 경우 최고경영자의 구체적인 역할은 그 정도에 따라 다소 차이가 있겠지만, 비전을 성공적으로 설정하고 실현시키기 위해서는 대체로 다음과 같은 역할을 체계적으로 수행해야 한다.

- 기업의 미래상에 관하여 깊이 생각하고, 비전의 윤곽이 드러날 때까지 새로운 아이디어와 개념 그리고 사고방식을 탐색한다.
- 기업의 전통과 강약점을 감안하여 비전을 이해하기 쉬운 경영이념과 경영전략 그리고 문화가치로 연결시켜 이를 정리하고 구체화한다.
- 사내에 비전에 대한 홍보활동을 적극적으로 추진하고, 설득과 모범행동 그리고 솔선수범으로 구성원으로 하여금 비전을 받아들이게 하고 그들이 힘을 모으도록 노력한다.
- 비전을 기업의 생존이나 발전에 연결시키고 구성원들에게 공동운명의 의식을 제고시켜 그들의 동기를 불러일으킨다.
- 기업의 내외 환경변화를 주시하고 비전의 내용과 추진방향 및 속도를 적절히 보완 · 조정한다.
- 비전을 실현시키는데 크게 기여할 수 있는 내부요인들을 적극 활용하고, 실제효과를 항상 측정하면서 비전실현에 필요한 조직의 능력을 개발한다.

이처럼 비전의 형성과정에서 최고경영자 자신이 가장 중요한 역할을 하는 것은 당연하지만, 설정된 비전을 성공적으로 실현시키려면 무엇보다 구성원의 이해와 협조가 전제되어야 한다. 따라서 비전형성 과정에서 특히 임원과 중요 관리자의 의견을 체계적으로 총합·수렴하기 위한 구성원의 참여와 협의가 중요시된다. 그러나 기업경영 전반에 걸쳐서 최고경영자가 강력한 영향력을 발휘하는 우리나라의 기업상황을 감안해 볼 때, 이상적인 비전의 설정 및 추진방법은 최고경영자가 비전실현에 주도적인 역할을 하기는 하되, 비전의 설정과정에서 가능한 한 구성원들의 의견을 총합·수렴하는 자세가 비전실현 측면에서 효과적이라고 할 수 있다.

2. 기업의 목적

2.1 기업의 목적과 목표

기업의 사명과 경영철학이 수립되면 다음으로 '기업이 무엇(what)에 초점을 두어야 할 것인가'를 의미하는 기업의 목적에 관심을 기울여야 한다. 이러한 기업의 목적, 즉 경영목적은 기업의 사명과 경영철학에 의해 보다 분명해지고 구체화된다. 그리고 경영목적이 설정되면, 이를 달성하기 위한 전략적 목적과 그에 따른 전술적 목표가 필요하다. 특히 전술적 목표는 경영기능을 수행하는 구성원들 개개인의 목적지향적인 사고와 행동에 대한 방향과 지침을 제공한다는 측면에서 의미가 크며, 또한 부서별 운영목표를 설정하는 데 있어 구체적인 내용과 기준을 제공한다.

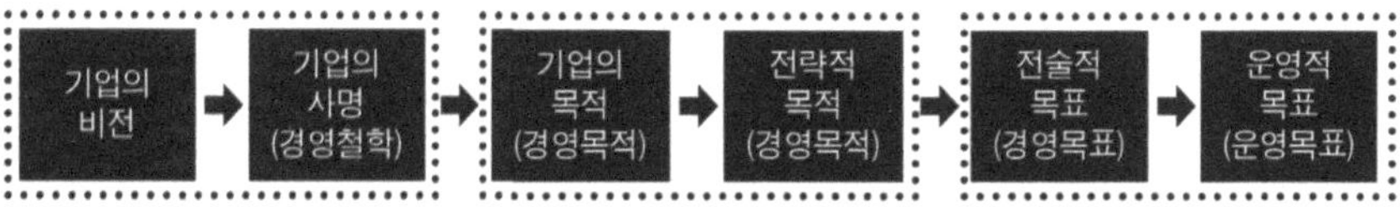

그림 4-3 기업의 목적과 목표의 계층

기업의 목적인 경영목적은 외부환경과 관련된 개념으로서 기업 전체에 걸친 비교적 장기적이고 광범위하며, 주로 계열사로 구성된 그룹의 경우에 해당되는 목적이다. 이에 대해 경영전략 측면에서 다루는 목적은 단일 기업에 해당되는 전략적 목적이 주를 이룬다. 따라서 단일사업을 하는 기업의 경우 기업의 목적은 전략적 목적에 해당되며, 전술적 목표는 개별 사업부에 적용된다. 그리고 운영적 목표는 개별 사업부 내의 기능별 부서에 해당된다고 볼 수 있다. 그 밖에도 경영목적은 경영목표에 비교해 '기업이 장래에 어떠한 위치에 자리 잡기를 원하는가'에 대해 보다 광범위하게 기술한 것으로 이해할 수 있다. 다시 말해서 이것은 기업의 계속적인 존재의 이유와 밀접한 관계가 있는 추상적인 개념으로서 경영전략을 수립하기 위한 전제가 된다. 그리고 이러한 장기적인 목적은 개별사업부나 부서보다 조직 전체와 관련되어 있다. 이에 반해 전술적 목표이자 경영목표는 주로 경쟁력을 강화하는 차원에서 특정 사업에 해당되는 비교적 단기적이고 계량적인 지표를 중심으로 설정되는 측면이 강하다.

표 4-4 목적과 목표의 구분

구분	시간성	구체성	초점	측정지표
목적	무한	광범위 · 일반적	외부환경 관련	상대적 · 기술적
목표	유한	구체적 · 특수적	자원 활용	절대적 · 계량적

2.2 기업의 전략적 목적

경영전략을 위한 전제조건으로서 기업의 미래상인 비전과 사명이 설정되면, 다음으로 그것을 실현하기 위한 기업의 목적이 필요하다. 기업의 목적은 전략적 의사결정이 이루어지는 환경을 설정한다. 다시 말해서 기업의 목적은 전략적 의사결정에 대한 지침을 제공하는 역할을 한다. 이러한 전략적 의사결정에 포함된 경영전략과 관련된 기업의 전략적 목적은 크게 '사업영역의 정의'와 함께 '경영목표의 설정'과 관련된 내용을 내포하고 있다.

2.2.1 사업영역의 정의

사업영역을 정의하기 위해서는 먼저 대상기업이 단일 사업의 기업인지 또는 다각화된 기업인지 구분하여 살펴볼 필요가 있다. 왜냐하면 이에 따라 기업의 목적과 전략적 목적이 같거나 다를 수 있기 때문이다. 예를 들어 여러 개의 기업을 보유한 그룹의 경우는 대부분 그룹의 목적이 별개로 설정되어 있고, 개별 사업체(계열사)의 목적도 다르게 구성되어 있기 때문이다.

(1) 단일사업체의 사업영역 정의

여기서 말하는 단일사업체란 그룹차원에서 언급하는 것이 아니라, 개별 사업체 수준에서 하나의 사업을 운영하는 기업을 의미한다. 이러한 경우에 사업영역을 정의하기 위한 바람직한 방안으로서 다음과 같은 질문이 필요하다. 구체적으로 '기업이 영위할 사업이 무엇인가' '향후에 사업이 어떻게 될 것인가' '사업이 지향하는 바가 무엇인가' 등에 대한 대답으로 사업영역을 설정할 수 있다. 먼저 첫 번째 질문인 '기업이 영위할 사업이 무엇인가'에 대한 사업의 본질에 대해 정확히 대답하기 위해서는 아벨(D.F. Abell)의 사업개념에 입각한 고객에 초점을 둔 다음과 같은 세 가지 측면에서 접근할 필요가 있다.

- **욕구충족의 대상은 누구(who)인가?**: 기업이 상대할 소비자 집단을 결정하는 문제
- **충족시켜 줄 욕구는 무엇(what)인가?**: 대상으로 할 소비자 욕구를 정의하는 문제
- **어떻게(how) 소비자의 욕구를 충족시킬 것인가?**: 욕구충족의 수단을 결정하는 문제로서 기업의 차별화 역량을 정의하는 문제

이것은 '어느 집단의 어떤 욕구를 어떻게 만족시킬 것인가'에 초점을 두고 사업영역을 결정해야 한다는 것과 같은 의미이다. 그리고 이렇게 도출된 사업의 본질에 대한 정의는 고객지향적이기 때문에 제품 위주, 즉 공급자 위주로 사업을 정의하는 것에 비교해 볼 때 적지 않은 장점이 있다. 왜냐하면 제품 위주의 사업정의는 단지 판매할 제품이나 기술에 초점을 맞추고 있기 때문에 소비자의 진정한 욕구를 충족시키는 본질적인 과제를 소홀히 다루기 때문이다. 뿐만 아니라 고객지향적인 사업정의는 기업을 소비자의 욕구에 밀착하게 함으로써 급격한 수요의 변화에 효과적으로 대응할 수 있는 긍정적 측면이 있다.

또한 아벨의 사업개념을 이용하면 두 번째 질문인 '향후에 사업이 어떻게 될 것인가'에 대해서도 적절히 대답할 수 있다. 이에 대한 사례로써 타

자기와 도표작성 장치를 제조하던 IBM이 자신의 사업영역을 공급자의 시각에서 '타자기 및 도표작성 장치의 공급'으로 하지 않고, '소비자에게 정보처리 및 저장에 필요한 수단들을 제공하는 것'으로 정의함으로써 충족시킬 고객의 욕구를 명확히 하고, 향후 IBM의 사업영역이 어떻게 될 것인가에 대해 확실히 알 수 있게 하였다.

그 밖에도 아벨의 이러한 고객지향적인 사업정의는 세 번째 질문인 '사업이 지향하는 바가 무엇인가'에 대해서도 적절히 대답할 수 있게 한다. 왜냐하면 소비자의 욕구와 사업영역을 밀착시킴으로써 사업이 지향해야 할 수단 및 도구를 효과적으로 결정할 수 있기 때문이다. 이에 대한 사례로서 앞서 언급한 IBM의 경우처럼 사업영역인 '정보처리 및 저장 수단'에 수요자의 욕구가 반영된 컴퓨터, 워드프로세스, 사무자동화기기 등을 다루어야 함을 분명히 할 수 있었다. 반면에 폴라로이드사의 경우에는 즉석사진 기술에 초점을 맞춘 제품지향적인 사업영역과 정의로 인해서 심각한 경영난에 봉착하는 결과를 초래하였다.

(2) 다각화된 기업의 사업영역 정의

여러 분야의 사업을 동시에 운영하는 다각화된 기업의 경우에 사업영역을 정의하기 위해서는 전사적인 관점, 즉 개별사업수준에서 바라볼 것이 아니라, 복수의 사업들을 동시에 바라보는 전체적인 관점이 필요하다. 특히 복수의 사업을 전략적으로 경영하기 위해서는 포트폴리오 분석이 필요하다. 다시 말해서 다각화된 기업의 사업영역은 포트폴리오 지향적으로 정의될 필요가 있다. 여기서 포트폴리오란 기업이 운영하는 사업들의 집합을 의미하며, 포트폴리오 지향적인 사업영역의 정의는 다음과 같은 세 가지 내용들을 포함하고 있다.

• **포트폴리오 목적**: 이것을 명확히 정의함으로써 기업의 전략적 목적을 전사적 입장에서 분명하게 할 수 있다. 이 목적이 불분명한 경우 기업은 뚜렷한 방향 없이 다각화된 포트폴리오를 구성할 위험이 크다.

• **포트폴리오 범위**: 포트폴리오 범위를 분명하게 결정함으로써 무분별한 다각화가 진행되지 않도록 한다.

• **포트폴리오 균형**: 여러 사업들 간의 적절한 균형을 유지하는 문제를 염두에 둠으로써 흔히 발생하는 근시안적 시각으로 현재 진행 중인 대규모의 사업에만 관심을 치중하는 부작용을 방지할 수 있다.

그림 4-4 사업영역의 결정요인

다각화된 기업의 사례로서 기업의 사업영역을 해양스포츠, 테마파크, 놀이동산, 실내스포츠 산업분야에 국내 최고의 시설과 서비스를 제공하는 레저사업이라고 정의한다면, 언급한 포트폴리오의 목적, 범위, 균형 세 가지 측면을 모두 고려한 전사적인 차원에서 사업영역이 설정되었다고 볼 수 있다.

2.2.2 경영목표의 설정

기업의 전략적 목적을 설정함에 있어 고려해야 하는 것은 앞서 언급한 사업영역의 정의와 함께 경영목표의 결정 및 반영이다. 이러한 경영목표의 결정은 '기업이 성취하고자 하는 바를 구체적으로 정의한 것'으로서 구체적인 전략을 수립할 때 중요한 지침으로 작용한다. 경영목표는 기업에 따라 매우 다양한 모습으로 표현될 수 있지만, 원론적인 측면에서 볼 때 '주주의 부를 극대화한다'라는 목표와 일치하는 것이 바람직하다. 왜냐하면 주주는 기업의 법적인 소유자이며, 기업은 이들의 투자수익률을 보장해 줄 의무가 있기 때문이다. 이러한 이유로 대부분의 기업들이 기업의 효율성 지수인 투자수익률을 가지고 주요 경영목표를 정의하고 있다. 그러나 투자수익률에 대한 지나친 의존은 단기지향적인 경영관행을 조장하고, 연구개발이나 마케팅 등과 같은 미래지향적인 부분에 대한 노력과 투자를 감소시킬 위험이 있다. 또한 변화와 혁신성의 부족, 새로운 시장개척 등과 같은 경쟁상의 문제를 발생시킬 수 있다. 따라서 투자수익률 이외에 주요 경영목표로서 시장점유율, 기술혁신, 생산성, 물적 · 재무적인 자원의 획득,

우수한 경영자의 확보와 개발, 종업원의 작업성과와 태도, 사회적인 책임 등 보다 다양한 요소를 함께 고려하는 것이 필요하다.

2.3 기업의 바람직한 목적

기업의 목적이 효과적이기 위해서는 다음과 같은 내용과 특성을 지니는 것이 바람직하다.

- **구체적이어야 한다**: 기업이 무엇을 해야 하는가에 대해 분명한 방향과 관련된 명확한 행동의 목표를 나타내야 한다.
- **측정이 가능해야 한다**: 목적에 따른 수행 결과를 계량적으로 측정 가능하도록 표현해야 한다.
- **기간을 설정해야 한다**: 언제까지 목적을 달성하겠다는 최종적인 시점을 정해야 한다.
- **달성이 가능한 도전적인 것이어야 한다**: 단순히 동경하는 꿈이나 이상적인 것이 아니라, 구성원들이 현실적으로 실현 가능한 것으로 받아들일 수 있는 것이어야 한다.
- **융통적인 것이어야 한다**: 너무 좁거나 넓은 범위로 설정하지 않으며, 환경의 변화에 따라 필요하면 탄력적으로 수정 가능한 것이어야 한다.
- **공감대를 확보할 수 있어야 한다**: 구성원들이 마음으로 수락하고 받아들일 수 있도록 신뢰하고 인정할 수 있는 것이어야 한다.

이와 같은 내용과 함께 기업의 비전과 사명에서와 마찬가지로 기업의 목적이 단지 구호나 말로써 그치는 것이 아니라, 실제로 구성원들의 사고와 행동에 긍정적인 영향을 미치기 위해서는 다음과 같은 조건을 충족시키는 것이 중요하다.

- 구성원들의 관심과 이해를 고취시킬 수 있어야 한다. 이를 위해서는 경영목적이 구성원들의 관심과 이익에 초점을 두어야 하며, 목적달성에 따른 가시적인 혜택이 그들에게 돌아갈 수 있도록 해야 한다. 그리고 도전할 가치가 있으며, 너무 추상적으로 흐르는 것을 막고 적절한 현실성을 확보함으로써 그들로부터 신뢰를 얻어야 한다.

- 종업원들이 조직에 헌신하고 몰입할 수 있도록 하여야 한다. 이를 위해서는 종업원들에게 기업의 전략적 의도를 이해시키고, 그들이 야망과 의욕을 가질 수 있도록 유도하는 작업이 필요하다.

- 종업원들로부터 실제적인 활동을 이끌어낼 수 있어야 한다. 이를 위해서는 비전과 목표가 합리적이고 실현 가능하다는 사실을 확신시켜야 하며, 피부로 느낄 수 있는 실질적인 실천과정을 만들어놓아야 한다.

▌사례: LG전자▐

기업의 비전

세계적 시각에 입각하여 비교 우위적 기술우위를 바탕으로 하고, 마케팅을 강점으로 하는 경영전략을 전개함으로써 생활인에게 최고의 만족을 제공하는 가전 정보기기업계의 초우량기업을 지향한다.

경영철학과 이념

- 고객을 위한 가치창조: 고객이 모든 사업의 기반이며, 고객에게 가치를 창조해서 제공하는 것만이 기업의 존재목적이 되어야 한다.
- 인간존중의 경영: 사람이 모든 가치실현의 원천이다.

이와 같은 비전과 경영철학에 입각하여 전략적 목적으로서 다음과 같은 사업영역을 정의하고 구체적인 경영목표를 제시한다.

전략적 목적

〈사업영역의 정의〉

생활인 지향의 가전, 정보기기 및 부품사업을 기반으로 하여 사업 간의 상승효과를 활용하면서 멀티미디어 사업을 지향한다.

〈10대 경영목표〉

- 글로벌화 · 상품개발력 향상
- 기초 및 핵심기술의 선택적 확보 · 품질수준 향상
- 해외 판매법인의 경쟁력 향상 · 글로벌 서비스네트워크 구축
- 다품종 소량생산의 구축 · 국내 마케팅 강화
- 브랜드 영업과 OEM 영업의 전략적 명확화
- 비전실현에 필요한 기본 체질강화를 위하여 물류 및 사무혁신

V

사업수준의 전략

1. 사업전략의 내용과 특징
2. 사업전략의 구분과 유형

1. 사업전략의 내용과 특징

사업 또는 사업부, 사업수준, 사업단위, 산업수준 등의 사업전략은 궁극적으로 기업전략을 달성하기 위한 수단으로서 '특정한 사업 또는 산업에서 기업이 어떻게 하면 가장 효과적으로 경쟁할 수 있는가'가 문제의 핵심이다. 다시 말해서 사업전략은 '특정한 산업 또는 제품 · 시장중심의 세분화의 영역에서 어떻게 경쟁할 것인가'에 초점을 두고, 해당 산업 내에서 장기적으로 경쟁우위를 형성 및 강화하기 위한 전략적인 수단과 방법을 강구하는 데 목적이 있다. 이처럼 사업전략은 사업의 경쟁우위를 확보하기 위한 전략으로 이해되기 때문에 일반적으로 경쟁전략과 같은 개념으로 취급되고 있다. 사업전략의 구체적인 내용과 특징을 살펴보기 위해서 기업전략과 비교하면 다음과 같이 정리할 수 있다.

- 사업전략은 기업전략을 위한 수단이기 때문에 기업전략이 선택되고 난 다음에 결정된다.

- 기업의 목적을 달성하기 위한 수단으로 경영전략을 세 가지 수준으로 구분할 때, 사업전략은 두 번째에 해당되는 것으로 기업전략과 기능별 전략의 양자를 이어주는 교량적인 역할을 수행한다. 다시 말해서 사업전략은 기업전략을 달성하기 위한 수단이며, 동시에 기능별 전략의 방

향을 제시하는 역할을 수행한다.

- 기업전략은 기업이 '어떤 사업에 참여하기를 원하는가'에 관련된 것으로서 기업 전체적인 측면에서 미래의 존재와 위상을 그리면서 '어떠한 경쟁영역에서 경쟁할 것인가'에 대한 기본적인 결정, 즉 경쟁영역의 결정에 대한 선택이 핵심이다. 이에 대해 사업전략은 '선택한 경쟁영역 내에서 어떻게 경쟁할 것인가'에 관련된 것으로서 '현재의 사업분야에서 경쟁사와 어떻게 싸워서 이길 것인가'에 대한 결정, 즉 경쟁의 방법과 수단의 선택이 핵심이다.

- 자원배분의 측면에서 볼 때 기업전략은 상이한 사업 또는 제품영역 간에서 이루어지는데, 사업전략은 기능별 부서 또는 활동영역 간에서 이루어진다. 즉 사업전략은 주로 단일사업단위 또는 제품계열에 적용되며, 고객을 얻기 위해서 '해당산업 내에서 어떻게 경쟁할 것인가'가 주된 관심사이다.

2. 사업전략의 구분과 유형

기업이 '어떻게 경쟁할 것인가'에 대한 사업전략의 유형은 기업이 처한 상황이나 조건이 제각기 다르기 때문에 현실적으로 매우 다양한 모습을 보인다. 일반적으로 학자들은 이러한 사업전략의 다양성을 다음과 같은 기준, 즉 '사업이 산업과 어떻게 관련되는가'에 대한 가설에 따라 아벨(D.F. Abell)과 포터(M.E. Porter)를 중심으로 한 경쟁전략과 산업수명주기를 기반으로 한 투자전략의 두 가지 유형으로 구분하고 있다.

2.1 기업의 경쟁전략

앞서 언급한 바와 같이 사업전략은 장기적으로 경쟁우위를 차지하려는 기업의 경쟁전략이라고 말할 수 있다. 따라서 이러한 사업전략을 이해하기 위해서는 산업 내에서의 경쟁구조와 함께 경쟁우위를 얻기 위한 전략의 유형에 대해 살펴볼 필요가 있다.

[경쟁과 경쟁구조]

기업의 경쟁은 시장을 중심으로 이루어지는데, 시장은 수요와 공급의 구조적인 관계에 따라 완전경쟁, 독점적 경쟁, 과점 그리고 독점으로 구분된다. 오늘날 일반적인 시장의 구조는 경쟁이 극심한 완전경쟁이며, 기업은 이를 극복하기 위한 수단으로서 가격 경쟁전략이나 비가격 경쟁전략을 주로 사용하고 있다. 또한 완전경쟁의 상황에서 기업의 제품은 상호 대체적이고, 가격은 시장의 수요와 공급시스템에 의해 결정된다. 다시 말해서 개별기업에 의해 수요와 공급이 조절될 수 없기 때문에 가격조절이 불가능하며 시장가격에 적응할 수밖에 없다. 따라서 기업은 경쟁우위를 확보하기 위해 주로 원가절감의 노력에 의한 가격 경쟁전략을 취하게 되며, 이러한 상황에서 특히, 제품 간의 차별화가 어려운 표준화된 제품의 경우에는 가격경쟁이 더욱 치열하다. 그러나 차별화가 가능한 제품의 경우는 가격경쟁을 피하고 다음과 같은 다양한 비가격 경쟁전략을 구사할 수 있다.

- **품질의 차별화**: 제품의 성능, 기능, 구조, 원자재 등에서 차별화된 요소를 포함한다.
- **서비스 차별화**: 제품의 배달, 설치, 수리, 기타 부가적인 서비스와 정보를 제공함으로써 고객의 신뢰와 믿음을 향상시킨다.
- **디자인 차별화**: 제품의 모양, 크기, 색상 등에 대한 차별화를 통해서 표적고객의 욕구를 충족시킨다.
- **브랜드 차별화**: 제품의 차별적 특성을 고객에게 지속적으로 홍보하고 알림으로써 긍정적인 이미지와 충성도를 창출한다.

이들 경쟁전략 외에도 기업이 산업 내에서 경쟁우위를 얻기 위한 사업전략을 추진하기 위해서는 경쟁구조와 강도를 결정하는 영향요소에 대해 살펴볼 필요가 있다. 이러한 영향요소는 산업에 따라 다소 다를 수 있지만, 포터(M.E. Porter)가 제시한 다음과 같은 다섯 가지의 경쟁요소(세력)는 경쟁구조와 강도를 이해하는 데 있어 공통적이고 기본적인 틀로서 적지 않은 도움이 된다.

표 5-1 포터의 다섯 가지 경쟁요소

경쟁요소	경쟁강도와 파급효과
신규 진입자 위협	• 새로운 시장 진입자로 인해 경쟁이 심화됨 • 가격을 인하할 경우, 시장지위를 유지하기 위한 비용을 증가시킴
대체품 위협	• 대체품의 활용 가능성은 경쟁심화와 고객감소 및 가격 하락의 원인을 제공함
구매자 힘	• 구매자의 힘이 강한 경우, 가격을 낮추도록 압력을 가하거나, 추가적인 요구사항 제시 및 비용 상승의 원인을 제공함
공급자 힘	• 원자재를 제공하는 공급자의 힘이 강한 경우, 가격을 상승하려 하고 이로 인해 이익감소 및 품질저하의 원인이 됨
현존 경쟁사	• 경쟁사 간 공격적인 경쟁전략은 가격을 낮추고 사업운영비를 증대시킴

[경쟁전략의 유형]

사업전략은 '특정 사업 또는 산업에서 어떻게 경쟁할 것인가'에 대한 경쟁전략을 주된 과제로 하고 있으며, 기업의 여건과 환경에 따라 장기적인 경쟁우위와 수익성을 극대화하기 위한 다양한 전략적 방안들이 있을 수 있다. 이러한 경쟁전략의 다양성과 복잡성에 대해 체계적으로 이해하기 위해서는 일차적으로 아벨(D.F. Abell)이 주장하는 사업개념을 중심으로 경쟁전략에 대해 살펴볼 필요가 있다. 그리고 이를 기반으로 가장 일반적이고 기본적인 경쟁전략의 유형이며, 사업전략을 수립하는 데 유용하게 활용할 수 있는 대표적인 사례로서 포터(M.E. Porter)의 본원적 경쟁전략을 살펴보는 것이 바람직하다.

2.1.1 아벨의 경쟁전략

사업전략을 구사하기 위해서는 무엇보다 '사업'에 대해 정확하게 이해할 필요가 있다. 왜냐하면 사업전략이자 경쟁전략은 곧 '사업의 선택이자 선택한 사업의 영역에서 어떻게 경쟁할 것인가'가 핵심과제이기 때문이다. 아벨(D.F. Abell)은 이와 관련하여 다음과 같은 세 가지 관점에서 사업을 구체적으로 정의하였다. 특히 이 같은 주장은 '경쟁우위를 어떻게 달성할 것인가'에 대한 전략적 사고의 틀과 방안을 제공할 수 있다는 측면에서 의미가 크다.

- 표적고객을 누구(who)로 할 것인가: 수요자 집단
- 표적고객의 어떠한 욕구(what)를 만족시킬 것인가: 수요자 욕구
- 표적고객의 욕구를 어떻게(how) 충족시킬 것인가: 차별화 역량

아벨이 주장하는 사업 개념에 의하면 개별기업에 적합한 경쟁전략을 수

립하기 위해서는 '누구의 무엇을 어떻게 충족시킬 것인가'에 대한 의사결정을 기반으로 하는 것이 중요하다. 그리고 이에 대한 의사결정은 사업전략의 핵심이자 기업의 경쟁우위를 창출하는 사고의 원천이 될 뿐만 아니라, 기업이 '어떻게 해당 산업 내에서 경쟁할 것인가'에 대한 기본적인 방향과 행동을 제시한다. 이와 관련된 구체적인 내용을 살펴보면 다음과 같다.

(1) 수요자 집단(표적고객)을 고려한 경쟁전략

경쟁전략의 방향과 내용은 무엇보다 '표적고객을 누구로 할 것인가'에 따라 결정된다. 다시 말해서 경쟁전략의 방향과 내용은 '사업대상으로 삼을 수요자 집단을 어떻게 정할 것인가'에 대한 시장세분화와 그에 따른 표적고객의 선정에 따라 결정된다. 이와 같은 수요자 집단을 고려한 경쟁전략은 고객의 다양성과 경영자원의 한계성에 대한 문제점을 해결할 수 있고, 고객에게 구체적으로 '무엇을 어떻게 할 것인가'에 대한 적합한 수단과 방안을 결정하기 위한 전제조건으로서 중요한 의미를 지니고 있다. 거꾸로 말해서 성공적인 경쟁전략을 위해서는 일차적으로 시장세분화와 표적고객의 선택이 필요하다. 일반적으로 시장세분화와 그에 따른 표적고객의 선정과 관련하여 다음과 같은 세 가지 전략적 방안을 모색할 수 있다.

- 서로 다른 욕구를 가진 수요자 집단을 인식하지 않고, 일반적이고 평균적인 수요자들을 표적고객으로 선택한다.
- 시장을 세분화한 다음 각각의 세분시장 모두를 표적고객으로 선택한다.

• 집중적으로 공략하기 위해서 세분화한 시장 중에서 기업에 가장 적합한 하나의 시장인 틈새시장만을 선택한다.

어떠한 수요자 집단을 선택하던 선택한 수요자 집단에 따라 전략적인 수단과 방안이 결정되기 때문에, 수요자 집단의 선택은 경쟁전략을 결정하는 데 있어 매우 중요하다. 한마디로 말해서 '경쟁전략의 유형은 표적고객이자 선택한 소비자 집단에 의해 좌우된다'라고 말할 수 있다. 이처럼 시장을 세분화하고 표적고객을 선정하는 주된 이유는 기업의 경쟁력 있는 자원으로 수요자의 욕구를 보다 효율적으로 충족시키기 위한 전략을 구사할 수 있기 때문이다. 예를 들어 세분화한 시장에서 미적인 감각에 민감한 반응을 보이는 수요자 집단을 표적고객으로 선정한다면, 기능성 제품보다 디자인이나 색상이 우수한 제품에 초점을 둔 경쟁전략이 필요할 것이다.

(2) 수요자 욕구를 고려한 경쟁전략

경쟁전략을 결정함에 있어 수요자 집단을 누구로 선택하는가도 중요하지만, 선택한 고객의 어떠한 욕구에 초점을 두고 경영활동을 할 것인가가 더욱 중요하다. 왜냐하면 기업의 경쟁전략을 결정하는 중요한 요인은 결국 수요자의 욕구이며, 이것은 기업의 재화와 서비스를 통해서 충족되기 때문이다. 또한 기업의 경영활동은 수요자의 욕구를 충족시키는 것을 주요 목적으로 하며, 이를 통한 결과로 이익을 도모할 수 있기 때문이다. 이때 기업의 이익은 경쟁우위를 통해서 가능하며, 이는 수요자의 욕구를 경쟁사에 비교해 어느 정도로 충족시킬 수 있는가에 달려 있다. 그러나 수요자의 욕구는 매우 다양하고 복잡하기 때문에 기업이 수요자의 모든 욕구를 충족시키는 것은 현실적으로 불가능하다. 다시 말해서 한정된 경영자원으로 수요자의 모든 욕구를 충족시킬 수 없다. 따라서 수요자의 욕구를 충족하고, 이를 통해서 경쟁우위를 확보하기 위해서는 '수요자의 어떠한 욕구를 충족대상으로 할 것인가'를 정하는 것이 매우 중요하다. 이것은 기업이 지향하는 수요자의 욕구에 따라 경쟁전략의 방향이 결정된다는 것과 같은 의미이다. 따라서 품질보다 가격에 민감한 반응 및 욕구를 보이는 고객을 표적고객으로 선택하였다면, 원가절감이나 가격우위의 경쟁전략을 무엇보다 우선적으로 고려하는 것이 바람직하다고 말할 수 있다.

(3) 기업의 차별화 역량을 고려한 경쟁전략

기업이 소비자의 욕구를 충족시키고, 이를 통해 경쟁우위를 확보하기 위해서는 경쟁사에 대한 차별화가 필요하다. 이것은 앞서 언급한 표적고객의 욕구를 '어떻게 만족시킬 것인가'에 대한 기업의 차별화 역량과 밀접한 관계가 있다. 여기서 차별화 역량이란 표적고객의 욕구를 만족시키고, 이를 통해 경쟁우위를 획득하기 위한 전략적인 수단으로 작용하는 기업의 자원과 능력을 의미한다. 예를 들어 기업이 보유한 디자인 분야의 자원과 능력이 경쟁사들에 비해 우위에 있거나 특성화되어 있다면, 이것은 기업의 장점이자 차별화 역량으로 작용할 수 있다. 한마디로 기업이 보유한 경쟁우위의 강점이 차별화 역량에 해당된다고 말할 수 있다. 일반적으로 이러한 기업의 차별화 역량은 기업마다 다르며, 그 정도가 클수록 경쟁우위를 확보할 가능성이 높다. 그리고 기업의 차별화 역량에 따라 '자사 제품을 어떻게 할 것인가'에 대한 구체적인 전략적 내용과 방향이 달라진다. 예를 들어 기업의 강점인 기술력을 통해서 경쟁사와 차별화를 시도할 경우에는 지속적인 연구개발에 대한 투자와 함께, 이에 필요한 전문인력을 확보하는 것이 경쟁전략의 핵심이 될 것이다. 이처럼 경쟁전략이자 사업전략에 있어 핵심은 경쟁우위를 획득하기 위한 이러한 강점이자 차별화 역량을 어떻게 개발 및 조직화하고 활용할 수 있는가에 달렸다고 볼 수 있다.

이상에서 살펴본 바와 같이 아벨이 주장한 사업개념을 기반으로 한 경쟁전략을 종합해 볼 때, 수요자 집단을 의미하는 시장의 세분화와 표적고객의 선정 그리고 선정한 수요자 집단의 욕구와 이를 만족시키는 수단인 차별적 역량이 경쟁전략을 결정하기 위한 사고의 틀이자 전략적 판단기준이 된다. 이는 주어진 기업의 환경과 여건이 제각기 다름에도 불구하고, 기업 경쟁전략의 내용과 방향은 앞서 언급한 세 가지 측면을 고려하여 결정되어야 한다는 것과 같다. 따라서 경쟁전략이자 사업전략은 어떠한 특정한 것이 아니라, 얼마든지 다양한 형태로 나타날 수 있다는 점을 짐작할 수 있다. 그럼에도 불구하고 경쟁전략의 여러 형태 중에 포터의 본원적 경쟁전략이 가장 대표적인 경쟁전략의 유형에 해당된다. 이에 대해 구체적으로 살펴보면 다음과 같다.

2.1.2 포터의 경쟁전략

포터(M.E. Porter)가 제시한 본원적 경쟁전략(generic competitive strategy)

은 산업 내에서 효과적으로 경쟁할 수 있는 일반적인 형태의 전략유형을 의미한다. 여기서 '본원적'이라고 부르는 이유는 제조나 서비스업종에 상관없이 모든 기업이 추구할 수 있기 때문이다. 포터는 본원적 경쟁전략을 (표 5-2)와 같이 전략의 표적을 종축으로 '산업 전체로 할 것인가 아니면 특정한 표적(틈새시장)으로 할 것인가'에 따라 구분하고, 전략의 우위를 '독특한 차별화로 할 것인가 아니면 낮은 원가로 할 것인가'에 따라 구분한 매트릭스를 만들어 구분하였다.

표 5-2 포터의 본원적 경쟁전략

구분		전략의 우위	
		독특성	낮은 원가
전략의 표적	산업 전체	차별화 전략	원가우위 전략
	산업 일부분	집중전략 (차별화 집중전략, 원가 집중전략)	

이와 같이 포터는 산업 내에서 평균이상의 업적을 달성하게 하고, 장기적으로 자신의 경쟁적 위치를 지키며, 경쟁사에 앞설 수 있는 본원적 전략으로 원가우위 전략, 차별화 전략 그리고 집중전략이라는 세 가지 전략유형을 제시하였다. 그가 주장하는 원가우위 전략은 능률적인 생산을 통해서 경쟁사보다 낮은 원가로 제품을 공급하는 것이며, 차별화 전략은 산업 내에서 경쟁사에 비교해 차별 및 특화된 제품을 공급하는 것이며, 집중전략은 산업 내에서 특정시장(고객집단)에 초점을 두고 원가우위 전략이나 차별화 전략 중 하나를 추구하는 것을 의미한다. 따라서 집중전략은 특정

고객집단을 대상으로 원가우위에 있거나 차별화가 되기 때문에 기본적으로는 한 가지의 전략유형으로 압축할 수 있다. 그리고 이러한 경쟁전략의 유형이 실제로 경쟁우위를 획득하기 위해서는 앞서 언급한 아벨의 사업개념을 중심으로 '누구를 대상(수요자 집단: who)으로 어떠한 제품(수요자 욕구; what)을 어떻게 제공(차별역량: how)할 것인가'에 대한 정합성을 유지할 필요가 있다. 다시 말해서 포터의 본원적 경쟁전략의 유효성을 위해서는 아벨이 제시한 사업개념에 부합하는 명확한 의사결정이 전제 및 고려되어야 한다.

(1) 원가우위 전략

기업의 원가우위 전략은 원가를 낮추기 위한 일련의 기능별 정책과 방안을 동원하여 산업 내에서 원가상의 우위를 달성하는 것을 의미한다. 다시 말해서 원가우위 전략은 경쟁사보다 낮은 원가로 재화와 용역을 생산하고, 낮은 가격으로 경쟁사를 능가하고자 하는 데 목적이 있다. 이를 위해서는 기업이 사업규모를 확대함으로써 실현되는 규모의 경제(economies of scale)와 경험곡선에 의해 경쟁사보다 낮은 비용으로 그 지위를 확보하는 경험곡선(experience curve)의 효과와 사업활동의 범위를 넓히고 자원을 효율적으로 사용함으로써 발생하는 범위의 경제성(economies of scope)을 추구할 필요가 있다. 이러한 원가우위 전략은 흔히 '사업의 경제성'을 제고하기 위한 전략적 방안으로 거론 및 이해되고 있다.

이와 같이 저가의 원가로 인한 원가선도 기업은 경쟁사보다 가격경쟁에서 우위를 확보할 수 있다. 특히 원가우위를 통해서 산업이 성숙기에 접어들면서 발생하는 치열한 가격경쟁의 상황을 극복할 수 있다. 그러나 원가우위 전략은 이러한 긍정적인 측면도 있지만, 급격한 기술변화로 인해 과거의 투자나 노하우를 일순간에 무용지물로 만들어버리고 그 결과 원가우위의 장점을 더 이상 갖지 못하게 할 수도 있다. 또한 경쟁사가 모방이나 판매력의 우위를 앞세워 규모의 경제를 추구하며 따라오거나, 경쟁사의 차별화 전략에 대항할 수 없게 되어버리는 경우에는 오히려 위험에 처할 수 있다.

[원가우위 전략과 시장세분화의 관계]

일반적으로 원가선도 기업은 사업의 경제성을 위해서 시장세분화를 무시하며 평균적인 수요자들을 표적고객으로 하고, 이들에게 소구할 수 있는 최소한의 제품차별화를 추구한다. 따라서 원가우위 전략을 구사하는 기업은 시장세분화 및 표적고객을 대상으로 제품차별화를 통한 수요자의 욕구를 전적으로 만족시키지는 못하지만, 평균적인 고객을 대상으로 대량생산을 통해서 경쟁사보다 낮은 가격으로 경쟁력을 유지할 수 있는 장점을 지니고 있다. 그렇지만 기업의 자원과 능력이 산업 내 전체 수요자를 대상으로 하기에 부족한 경우에는 해당 기업에 적합한 특정 집단을 선택하여 비용우위의 집중전략을 구사할 수밖에 없는 경우도 발생한다.

[원가우위 전략과 제품차별화의 관계]

경쟁사에 비해 제품을 다양화하고 차별화하기 위해서는 불가피하게 추가적인 비용이 발생하게 마련이다. 따라서 원가우위 전략을 추구하는 기업의 경우에는 자연히 차별화의 수준이 낮다. 다시 말해서 원가를 낮추기 위해서 대부분 제품의 표준화와 대량생산을 통한 규모의 경제를 추구하기 때문에, 원가선도 기업은 제품차별화를 통해 산업의 리더가 되고자 하지 않는다. 반면에 이들 기업은 비용측면에서 다양하고 차별화된 제품을 생산하기 쉽지 않기 때문에 결과적으로 수요자의 욕구를 충족시키는 데 한계를 지니고 있다.

[원가우위 전략과 기업의 차별역량 관계]

원가우위 전략은 일반적으로 능률적인 경제규모를 지닌 광대한 생산시설과 관련되어 있으며, 경영활동의 초점이 생산성의 증대에 있다. 또한 제조기술의 강점을 활용하여 제품가격을 낮출 수 있기 때문에 원가선도 기업이 되기 위해서는 제조부문에서 차별역량을 개발하는 것이 중요하다. 특히 경험곡선의 효과를 활용하여 원가를 낮출 수 있기 때문에 이러한 점들을 적극적으로 활용할 필요가 있다. 그리고 비용을 감소하기 위한 효율적인 자재관리에 대한 기술도 필요하다. 다시 말해서 원가우위 전략을 실현하기 위해서는 무엇보다 제조와 자재관리 분야에 대한 관심을 기울여야 하며, 이것은 곧 차별역량의 원천이 된다는 사고와 인식을 요구한다.

그림 5-1 원가우위 전략을 위한 가치사슬 분석

(2) 차별화 전략

일반적으로 수요자들은 차별화된 제품이 가치가 더 있다고 믿기 때문에 프리미엄 가격을 지불하고라도 제품을 구입하려는 경향이 강하다. 따라서 기업은 고객이 중요시하는 요소를 경쟁사와 비교해 의미 있는 특징(uniqueness)을 갖게 함으로써 고객에게 다른 기업보다 높은 부가가치를 제공하고, 이를 통해 높은 가격을 실현하고자 하는 차별화 전략을 실시한다.

이처럼 차별화 전략은 기업이 제공하는 제품이나 서비스를 차별화함으로써 산업 전반에 걸쳐 해당 기업이 독특하다고 인식될 수 있는 그 무엇을 창조하여 경쟁우위를 달성하고자 하는 데 목표를 두고 있다. 따라서 이러한 전략이 성공하기 위해서는 자사의 제품이 경쟁사에 비해서 객관적으로 차별화되고 독특한 장점을 제공해야 하고, 고객이 차별화를 인식할 수 있어야 한다. 특히 차별화는 고객이 그 부가가치를 반드시 인정해야 하는 것이고, 그 가격도 부가가치에 대해 고객이 만족하고 지불하는 범위가 아니면 전략으로서 성공하기가 어렵다.

이러한 관점에서 볼 때, 차별화 전략을 추구하는 기업이라도 원가절감을 전혀 무시해서는 안 된다. 명백한 원가열위에 있는 기업은 현실적으로 차별화의 장점을 상쇄시킬 수 없기 때문이다. 그 외에도 경쟁사의 모방이 가능한 경우는 고객이 더 이상 차별화를 인정하지 않게 될 가능성이 높다. 이는 한번 성공한 차별화일지라도 차별화를 유지하고 발전하기 위해서는 지속적인 노력과 투자가 필요하다는 것을 의미한다.

[차별화 전략과 시장세분화의 관계]

차별화 전략을 추구하는 기업은 대부분 표적고객의 욕구를 만족시키기 위해서 시장을 세분화하며, 표적 및 틈새시장에 적합하게 설계된 제품과 서비스로 다양한 수요자의 욕구에 맞춤식으로 충족시키고자 노력한다. 그러나 해당 기업의 자원과 능력을 고려하여 특별히 우위를 갖는 틈새시장만을 선택하고 차별화를 집중하는 기업도 있다. 이러한 경우에는 차별화 전략이자 동시에 차별화 집중전략으로 볼 수 있다.

[차별화 전략과 제품차별화의 관계]

차별화 전략을 선택하는 기업은 경쟁사에 비교해서 제품의 수준, 기술적 특징, 서비스, 디자인 등 다양한 분야 및 방법을 통해서 가능한 높은 수준의 차별화를 실시함으로써 경쟁사들이 쉽게 모방할 수 있는 가능성을 최대한 줄이려고 노력한다. 또한 이러한 차별화의 노력을 통해서 경쟁으로부터 자사를 보호할 수 있고, 폭넓은 시장의 소구력을 갖는 장점이 있다. 그러나 이를 위해서는 차별화를 위한 기업의 자원과 능력이 뒷받침되어야 한다. 뿐만 아니라 차별화로 발생하는 추가적인 비용을 상쇄할 수 있는 수요의 규모와 수익이 전제되어야 한다.

[차별화 전략과 기업의 차별역량 관계]

차별화 전략을 선택한 기업은 차별화 원천이 될 수 있는 기능에 대해 차별역량을 강화해야 한다. 차별역량의 원천으로서 모든 기능이 중요하지만, 특히 생산과 판매의 중요성을 고려해 볼 때 기술적인 역량(R&D)과 마케팅의 기능이 상대적으로 중요하다. 물론 차별화를 추구하는 기업 역시 원가를 무시해서는 안 된다. 다시 말해서 경쟁력을 유지하기 위해서는 비용우위 전략을 구사하는 기업처럼 생산원가를 최소화하지는 않더라도, 차별화 원천이 상실되지 않고 유지되는 한도까지 생산원가를 최대한 통제 및 관리할 수 있는 노력과 능력을 보유하는 것이 필요하다.

그림 5-2 차별화 전략을 위한 가치사슬 분석

(3) 집중전략

집중전략은 주로 수요자 집단, 제품 종류, 지역 등을 기준으로 시장을 세분화하고, 그중에서 특정시장을 선택하여 집중적으로 공략하는 것을 뜻한다. 이는 한정된 영역에서 기업의 경영자원과 능력을 집중하는 전략이다. 따라서 앞서 언급한 원가우위 전략과 차별화 전략이 전체시장을 대상으로 한 전략이라면, 집중전략은 특정시장에 집중하는 전략을 의미한다.

이와 같이 집중전략을 추구하는 기업은 대부분 규모가 작기 때문에 원가우위와 차별화를 동시에 추구하기가 사실상 어렵다. 다시 말해서 집중전략을 선택하는 기업 대부분은 중소기업이며, 이들 기업은 특성화된 영역 안에서 원가우위나 차별화 중에 하나를 주로 선택하게 된다. 따라서 집중화를 추구하는 기업이 원가우위에 의한 집중전략을 선택한다면, 원가 측면에서 불리하지 않은 세분시장을 선정하여 원가선도 기업이 되도록 노력해야 할 것이다. 이와 달리 차별화 능력에 의한 집중전략을 선택한다면, 해당 기업은 경쟁사보다 비교우위에 있는 어떠한 차별화된 점을 지니고 있어야 하고, 이를 통해서 시장경쟁력을 유지할 수 있어야 할 것이다. 이에 대한 사례로서 자동차 기업인 벤츠와 BMW 모두 부유층(특정계층)을 대상으로 차별화 전략을 구사하고 있지만, BMW는 벤츠에 비해 보다 젊고 역동적인 이미지와 성능으로 집중전략을 펼치고 있다.

[집중전략과 시장세분화의 관계]

집중전략은 전체시장을 대상으로 하기보다 틈새시장을 목표로 하기 때문에 시장세분화의 정도가 높다. 또한 특정한 수요자의 집단을 겨냥하고 있기 때문에 고객의 욕구를 비교적 잘 충족시킬 수 있는 장점이 있다. 그러나 시장이 한정되어 있기 때문에 시장의 급격한 변화가 발생할 경우에 위험 또한 그만큼 크다는 단점을 지니고 있다.

[집중전략과 제품차별화의 관계]

일반적으로 원가우위에 의한 집중전략은 제품차별화의 수준이 낮을 가능성이 높고, 이에 대해 차별화에 의한 집중전략은 반대로 높을 수 있다. 왜냐하면 원가우위 집중전략의 경우에는 대량생산을 고려하여 차별화의 수준이 낮은 반면에 차별화 집중전략의 경우에는 세분화된 각각의 표적고객의 욕구를 충족시키기 위해서 당연히 제품차별화의 수준을 높일 수밖에 없기 때문이다.

[집중전략과 기업의 차별역량 관계]

이론적으로 집중전략을 추구하는 기업 역시 원가우위 전략과 차별화 전략을 함께 시도할 수 있다. 따라서 이러한 자원과 능력을 지닌 기업의 경우에는 두 전략 모두를 구사할 수 있도록 다양한 분야에서 차별역량을 마련할 수 있다. 그러나 두 전략을 함께 구사하기 위한 자원과 능력이 부족한 경우에는 선택한 전략에 적합한 차별역량을 확보하고 추구할 필요가 있다.

표 5-3 본원적 경쟁전략의 특징

구분	원가우위 전략	차별화 전략	집중전략
제품차별화	낮음	높음	낮거나 높음
시장세분화	낮음	높음	높음
기업의 차별역량	제조와 자재관리	연구개발, 마케팅	어떤 것도 좋음

(4) 본원적 경쟁전략의 위험성

모든 조건을 만족시킬 수 있는 완벽한 경쟁전략은 사실상 없다. 이상에서 언급한 세 가지 유형의 본원적 경쟁전략도 각기 상이한 장점을 가지고 있듯이 서로 다른 위험요소도 함께 내포하고 있다. 본원적 경쟁전략을 실제로 구사할 때, 유념해야 하는 사항이자 이들 전략이 지닌 약점에 대해서 살펴보면 다음과 같다.

[원가우위 전략의 위험성]

원가선도 기업에게 본질적으로 위협이 되는 것은 해당 기업보다 더 낮은 원가로 생산해 내거나 원가선도의 방법을 모방할 수 있는 경쟁사의 역량과 능력이다. 특히 원가를 선도하는 기업 대부분은 지나치게 원가절감에 집착한 나머지 소비자의 기호나 욕구의 변화를 간과하기 쉬운 위험성을 지니고 있다. 그러므로 원가우위 전략을 실행할 경우에는 원가절감이 실제로 제품의 수요에 어떠한 영향을 미치는지를 항상 염두에 두어야 할 필요가 있다. 또한 원가우위 전략은 일반적으로 산업 내의 가격을 결정할 수 있다는 점에서 경쟁우위를 창출할 수 있는 장점을 지니고 있지만, 만약 가격경쟁이 치열해질 경우는 적정이윤을 확보하기가 어렵다는 위험요소도 함께 지니고 있다는 점을 고려할 필요가 있다.

[차별화 전략의 위험성]

현실적으로 차별화 전략의 약점은 경쟁사가 쉽게 모방할 수 있을 경우와 함께 프리미엄 가격을 지속적으로 유지하기가 힘들다는 데 있다. 예를 들어 단순히 제품의 설계나 물리적인 특성에 따른 차별화는 경쟁사가 모방하기 쉽기 때문에 위험이 크다. 그러나 차별화가 서비스의 품질이나 기술, 특허, 이미지, 고객의 충성도와 신뢰성 등으로부터 비롯된 경우에는 쉽게 모방하기 힘들기 때문에 장기적으로 이익을 얻을 수 있다. 특히 무형적인 측면에서 차별화를 구축하는 것은 차별화 전략에 있어 매우 중요하다. 그 밖에도 차별화의 우위를 지키고 유지하기 위해서는 기업의 독특한 강점을 지속적으로 강화하고, 이를 변화하는 시장환경에 적합시키기 위한 적극적인 투자와 노력이 필요하다.

[집중전략의 위험성]

집중전략을 선택한 기업은 대부분 자원과 능력이 한계가 있기 때문에 특정 고객집단을 표적으로 소량생산을 하고, 이로 인해서 생산원가가 원가선도 기업보다 일반적으로 높다. 또한 선택한 틈새시장 자체가 작고, 기술상의 변화나 수요자의 기호변화로 갑자기 사라질 위험이 있으므로 그만큼 위험성도 높다. 이들 외에도 우수한 자원과 능력을 기반으로 원가우위 전략이나 차별화 전략을 구사하는 기업으로부터 항상 틈새시장을 방어해야 하는 부담과 위험이 존재한다.

[복수전략의 위험성]

오늘날 새로운 생산방식과 경영기법을 통해서 원가우위와 차별화 전략의 이점을 동시에 추구할 수 있게 되었다. 이와 같은 복수전략을 추구하는 기업은 원가선도 기업보다 제품의 독특성을 유지할 수 있고, 차별화를 추구하는 기업보다 낮은 원가를 제시할 수 있다는 측면에서 장점이 있다. 그러나 이러한 복수전략을 추구하기란 현실적으로 쉬운 것이 아니다. 전략을 추진하는 과정에 오히려 적지 않은 문제점이 발생할 수 있다. 예를 들어 품질로 차별화된 기업이 원가절감을 추구하기 위해서 아웃소싱을 통해 제품을 생산하고자 한다면, 그동안 쌓아온 기업 및 제품에 대한 긍정적인 이미지에 심각한 타격을 입을 수 있기 때문이다. 마치 두 마리 토끼를 잡으려다 둘 다 놓치는 경우가 발생할 위험성이 복수전략의 경우에 존재한다.

[어중간한 상태로 인한 위험성]

실제로 경쟁전략을 살펴볼 때, 앞서 언급한 세 가지 유형의 본원적 경쟁전략 중 어느 하나도 제대로 수행하지 못하는 경우가 대부분이다. 이를 일컬어 전략적으로 어중간한 상태에 있다고 한다. 이처럼 어중간한 상태에 있는 기업은 높은 수익성을 확보하기가 사실상 어려우며, 뚜렷한 경쟁우위가 없기 때문에 실패하기가 쉽다. 설령 본원적 전략을 제대로 하고 있는 기업이라 할지라도 변화하는 시장에 지속적으로 적응하지 못한다면, 본원적 전략에 대한 통제력을 상실하고 어중간한 상태에 빠지기 쉽다. 따라서 본원적 경쟁전략이 이러한 어중간한 상태에 빠지지 않고, 성공적으로 추진되기 위해서는 시장세분화의 정도(수요자 집단)와 제품차별화의 정도(수요자 욕구) 그리고 기업의 차별역량이 선택한 전략과 적합하게 이루어지고 있는가를 지속적으로 확인하고 점검하는 것이 무엇보다 중요하다. 이와 병행해서 변화하는 시장환경에 대해 기업의 강점과 약점을 지속적으로 맞추어 가는 적극적인 노력과 전략도 필요하다.

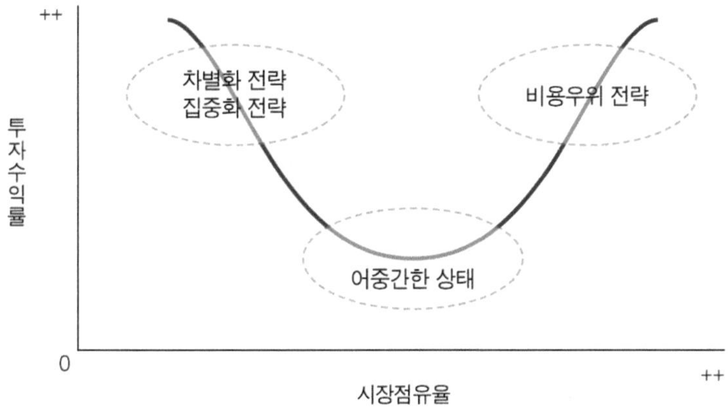

그림 5-3 본원적 전략과 경영성과의 관계

본원적 경쟁전략과 산업수명주기의 관계

실증적 연구를 살펴볼 때, 기업이 속한 산업의 수명주기에 따라 경쟁전략이 달라지기 때문에 산업수명주기는 본원적 전략을 추구하는 기업에게 매우 중요한 의미를 부여한다. 일반적으로 선진국의 경우 태동기 단계에는 제품의 가격보다 소비자의 기호를 충족시키기 위해서 대부분의 기업이 원가우위 전략보다 차별화 전략을 사용한다. 그리고 성장기에 접어들면 이후 예상되는 성장둔화와 치열한 경쟁에 대비하는 동시에 경쟁사에 대해 뚜렷한 경쟁우위를 확보하기 위해서 원가우위, 차별화, 집중전략 중에서 어느 하나의 전략을 선택한다. 이후 성숙단계에 접어들면 본원적 전략을 추구하는 기업들이 다수 존재하게 되며, 이로 인해서 치열한 경쟁상황이 진행된다. 이러한 상황에서 기업은 경쟁우위를 위해 제품을 혁신하거나 이러한 것이 불가능할 경우에는 시장에서 철수하기 위한 준비과정을 밟게 된다.

한편 개발도상국가에서는 산업의 진화과정이 선진국과 다르기 때문에 경쟁전략에 있어 선진국과 다소간의 차이를 보인다. 일반적으로 태동기에는 대부분 선진국으로부터 성숙기 또는 쇠퇴기의 제품과 기술을 도입하고 OEM 방식으로 제품을 생산함으로써 산업이 시작되기 때문에 제품의 효율적인 생산과 가격이 중요하고, 그에 따른 원가우위 전략이 경쟁우위의 중심에 있다. 이러한 초기단계 이후에는 비로소 제품혁신에 필요한 기술이 축적되기 때문에 제품혁신에 의한 차별화가 가능하며, 이로 인해 기업의 높은 성과를 기대할 수 있다.

이상에서 살펴본 바와 같이 경쟁전략을 산업수명주기에 연관해 볼 때, 선진국과 개발도상국 간에 서로 다른 형태의 본원적 경쟁전략이 실시됨을 알 수 있다. 그럼에도 불구하고 공통점은 경쟁사와 비교해서 자사의 강점과 약점을 고려해 경쟁전략을 선택 및 결정해야 한다는 사실이다.

2.2 기업의 투자전략

경쟁전략과 함께 사업수준에서 이루어져야 하는 또 하나의 전략적 의사결정은 경쟁우위를 확보하기 위한 기업의 투자전략이다. 여기서 투자전략(investment strategy)이란 기업이 경쟁우위를 얻기 위해서 투자되어야 하는 인적 · 재무적인 자원의 양과 형태를 말하는 것으로서, 이는 기능별 전략이 지향해야 하는 기본적 방향을 제시한다. 반면에 인적 · 재무적 자원을 투입하는 과정에 있어 적지 않은 비용과 위험이 발생할 수 있다. 뿐만 아니라 투자전략에 대한 의사결정을 하고 진행하게 되면 사실상 되돌리기 쉽지 않다. 따라서 사전에 투자전략으로부터 기대되는 잠재적인 수익과 전략개발 및 실행을 위해 투입해야 할 비용을 충분히 고려할 필요가 있다. 그리고 투자전략에 대한 의사결정을 할 때에는 기업이 속한 산업환경의 구조적인 특성이 제각기 다르고, 산업환경 또한 계속해서 변화하기 때문에 무엇보다 산업수명주기에 대한 세심한 고려가 필요하다.

2.2.1 산업수명주기

여기서 수명주기(life cycle)란 인간을 포함한 유기체와 유사하게, 그 어떤 제품도 기업에 이윤을 생성하는 데 한정된 수명(일정한 기간)이 있음을 의미하는 개념이다. 이러한 수명주기는 논자에 따라 제품 외에도 조직, 산업, 시장 등의 다양한 영역에서 사용되고 있다. 전략을 수립하고 선택함에 있어서도 수많은 변수 가운데 수명주기가 가장 기본적이고 강력한 변수로 인식되고 있다. 예들 들어 호퍼(C.W. Hofer) 등은 수명주기를 전략의 유일한 변수라고까지 주장하고 있다.

[산업수명주기]

산업수명주기에 따라 해당 기업이 접하는 환경조건은 제각기 다르다. 산업수명주기는 일반적으로 S형의 곡선으로 전개되며, 일반적으로 4개의 단계(도입기, 성장기, 성숙기, 쇠퇴기)로 구분할 수 있다.

표 5-4 산업수명주기의 특성

특성		도입기	성장기	성숙기	쇠퇴기
시장의 특성	매출액				
	이윤	–	증가	감소	급감
	시장규모의 성장	저	고	감소	급감
	고객의 선호도 변화	저	저	고	고
	선호 이질성 증가	저	고	고	저
	퇴출장벽	저	증가	고	감소
경쟁구조의 특성	경쟁자의 증가율	저	고	저	–
	경쟁지위 변화율	고	고	저	저
	경쟁의 격화도	소	대	대	소
	제품차별화 정도	소	대	대	소
	가격 변화율	저	고	고	저
	변동비 대 고정비	저	증가	고	감소

(표 5-4)와 같이 각 산업수명주기의 단계마다 시장 및 경쟁구조의 특성 및 상황은 다양한 모습을 보인다. 따라서 기업이 경쟁우위를 획득하기 위해서는 자신이 속한 산업수명주기의 단계가 지닌 특성 및 상황을 정확히 파악하고, 이를 고려한 투자전략을 실시하는 것이 바람직하다. 이와 관련된 세부내용을 살펴보면 다음과 같다.

① 도입기(introduction)

태동기 또는 미발달기라는 이름으로 거론되는 도입기는 제품이 시장에 처음으로 소개되는 기간이다. 매출의 증대가 느리고 고객을 확보하기 위한 노력과 비용이 투입되어야 하는 시기이며, 제품을 알리기 위한 제반의 활동이 요구된다.

② 성장기(growth)

성장기는 매출과 이윤이 점차 증가하는 시기이며, 시장이 포화되고 경쟁이 치열하기 전까지 성장은 지속된다. 이 기간 중에 기업은 경쟁우위 요소를 명확히 확보하고, 고객을 창조하고 유지하는 활동을 지속적으로 수행해야 한다. 또한 기업(제품)의 이미지 제고 및 고객 충성도를 확보하기 위한 특성화의 노력과 투자가 요구된다.

③ 성숙기(maturity)

수많은 경쟁사와 함께 포화된 시장에서 느리게 성장하거나 성장이 정체된 기간으로서 성숙기는 대체품이 많아지고 고객을 확보하기 위한 치열한 경쟁이 일어난다. 확보한 고객을 유지하거나 단위 원가를 낮추기 위한 노력과 함께 제품의 수명주기를 연장하기 위한 기업의 혁신적인 활동과 투자가 요구된다. 예를 들어 기존제품을 새로운 용도로 사용하거나 용도를 확대하기 위해서 기능을 추가 또는 개선하거나 표적시장을 넓힘으로써 수명주기를 연장할 수 있다.

④ 쇠퇴기(decline)

제품의 수명이 끝나는 시기인 쇠퇴기는 매출이 급격하게 떨어지고 이윤도 감소한다. 기업은 최대한 시장을 유지하는 노력을 하되, 불필요한 투자는 가급적 줄이고 더 이상 희망이 없다고 판단되면 시장에서 자연스럽게 빠져나오기 위한 준비를 해야 한다.

이와 같이 산업수명주기의 개념은 전략수립을 위해서 매우 유용한 도구로 사용할 수 있지만, 그럼에도 불구하고 다음과 같은 한계와 문제점도 함께 지니고 있다.

- 일반적으로 수명주기는 S형의 곡선을 보이지만, 근래에 와서 수요자의 욕구와 기술혁신이 급변하기 때문에 제품 및 산업에 따라 크게 다르게 나타날 수 있다. 또한 각 단계의 기간과 높이가 어떻게 변화할 것인가에 대한 예측이 어려우며, 이로 인해서 투자전략의 결정이 용이하지 않다.

• 현실적으로 자사의 제품이 어느 수명단계에 존재하는지 정확히 파악하기가 쉽지 않다. 또한 자사의 정확한 위치를 파악하기 위해서는 정량적인 평가지표뿐만 아니라, 정성적인 평가지표도 함께 사용하는 것이 필요한데, 이에 대한 현실적인 어려움이 있다.

• 수명주기는 특정하게 주어진 것이 아니라, 기업의 여러 가지 수단과 방법 등 예를 들어, 제품혁신(innovation)과 시장지위의 재정립(repositioning)을 통해서 성장곡선을 연장시키거나 수명곡선의 모양을 변화시킬 수 있는 가능성이 얼마든지 존재하기 때문에 전통적인 산업수명주기의 개념에 입각한 투자전략의 유효성에 한계가 있다.

이러한 한계성에도 불구하고 시장환경 즉 산업수명주기에 적응 및 대응하는 차원에서의 투자전략은 특히, 통제가 불가능한 외부환경에 대한 중소기업의 입장에서 볼 때 전략적 의의와 시사하는 바는 적지 않다. 그러므로 이러한 관점에서 각각의 수명주기단계별 적합한 투자전략에 대한 보다 구체적인 내용과 특징을 다음과 같이 요약할 수 있다.

① 도입기의 투자전략

기업 대부분이 이 시기에 사용하는 투자전략은 미래의 성장을 도모하는 차원에서 목적을 설정하고 일차적으로 시장점유율을 구축하는 데 초점을 맞추고 있다. 이러한 전략은 아직 제품에 대해 충분한 지식이 없는 수요자들을 유인할 수 있도록 독특한 경쟁우위 방안을 개발함으로써 시장점유율을 조기에 구축하고자 하는 것이 핵심이다. 따라서 이 시기에는 연구개발, 시장진입과 정착을 위한 판매 및 서비스 능력 등을 개발하고 강화하기 위해서 많은 자본이 필요하다. 또한 이를 수행하기 위해 외부로부터 필요한 자금을 끌어들이는 경영능력이 중요하다. 그 밖에도 이 시기에 필요한 투자전략을 정리하면 다음과 같다.

- 새로운 고객집단, 새로운 지역 및 수요자 등을 탐색하고 발굴하며, 선도기업으로서의 장점을 확보하기 위한 적극적인 노력과 활동을 실시한다.
- 수요자에 대한 제품의 인지도를 강화하고, 상표에 대한 로열티를 창조한다.
- 신규 진입자들을 미리 파악 및 분석하고, 향후 예상되는 경쟁상황에 대비한 경쟁우위의 방안, 진입장벽 구축 등의 전략적 방안을 조기에 마련한다.

② 성장기의 투자전략

성장기에 주된 과업은 기업의 위치를 확고히 하고, 앞으로 다가올 성숙기에 살아남을 수 있는 기반을 공고하게 하기 위한 전략이다. 이러한 성장전략은 급속히 팽창하는 시장에서 경쟁적 위치를 증가시키고 유지하는 데 목표를 두고 있다. 이를 위해서 원가우위, 차별화, 집중화 등의 전략을 추구하며, 선택한 전략을 수행하기 위해 필요한 투자가 이루어져야 한다. 물론 이때 추구하고자 하는 전략은 기업의 경쟁적 위치에 따라 달리 결정되어야 한다. 예를 들어 경쟁적 위치가 약한 기업은 시장 집중전략을 통해서 그들의 입지를 강화할 필요가 있고, 상대적으로 자원과 능력이 우수한 기업은 이를 이용한 원가우위 전략을 선택하는 것이 바람직하다. 그 밖에도 이 시기에 필요한 전략은 일반적으로 다음과 같다.

- 새로운 시장을 탐색 · 발굴하고, 품질을 개선하거나 신제품 모형을 추가하며, 고객과의 관계를 유지 · 발전시키는 전략을 강구한다.
- 새로운 유통구조를 확보하기 위한 다양한 방안을 강구하고, 제품의 인지도 향상을 위한 노력에서 제품의 신뢰와 충성도 제고를 위한 전략으로 전환하고 강화한다.
- 시장점유율과 매출증대를 유지하기 위해 경쟁사에 대한 대응전략을 마련하고, 성숙기에 대비한 가격경쟁이나 차별화 방안을 사전에 강구한다.

③ 성숙기의 투자전략

이 시기에 접어들면 일반적으로 수요가 줄어들고, 가격이나 제품의 특성에 대한 경쟁이 치열해진다. 그리고 시장에 참여한 기업들의 경험과 역량이 축적되고, 경쟁이 치열해지기 때문에 기업은 자신의 경쟁적 위치를 유지하고 방어하는 것이 무엇보다 중요하다. 이러한 상황에서 강한 경쟁적 위치를 가진 기업은 비록 경쟁이 치열하더라도 확대전략으로 시장점유율을 유지하거나 증대시킬 수 있다. 그러나 약한 경쟁적 위치에 있는 기업은 특정시장을 겨냥하거나, 전문화된 제품을 통한 집중전략을 실시할 필요가 있다. 물론 이러한 전략이 여의치 않으면 현금회수를 위한 추수전략(harvest strategy)이나 청산 등을 고려할 수 있다. 이외에도 이 시기에 필요한 전략을 정리하면 다음과 같다.

- 계속해서 경쟁우위의 확보를 원한다면 차별역량의 개발을 위한 적극적인 투자가 요구된다. 이와 더불어 제품혁신과 품질개발을 위한 투자전략이 필요하며, 생산비 절감을 통한 능률을 증대시키는 방안도 필요하다.

- 경쟁이 치열하지 않고 경쟁우위를 손쉽게 유지할 수 있다면, 미래의 경쟁우위 확보를 위한 투자는 줄이는 대신 현재의 수익을 극대화함으로써 현금을 확보하고자 하는 현금전략(profit strategy)을 고려할 수 있다.

④ 쇠퇴기의 투자전략

쇠퇴기 초기에 기업이 채택할 수 있는 대표적인 전략은 시장 집중전략과 자산축소의 전략이다. 여기서 시장 집중전략이란 제품의 범위를 줄이고 전략적 대상이 되는 수요자의 종류를 감축시킴으로써 기업의 생존을 모색하는 것을 의미한다. 이에 대해 자산축소의 전략이란 신규투자를 줄이고 기존투자에 대한 수익을 가능한 많이 뽑아내고자 하는 것으로 추수전략이라고도 한다. 이러한 전략 외에도 경쟁력이 약한 기업은 전환전략, 청산 또는 투자환수의 방법을 고려할 수 있다.

이상에서 살펴본 바와 같이 산업수명주기는 사업전략을 선택함에 있어 매우 중요한 개념일 뿐만 아니라, 각각의 단계에 있어 전략적 의사결정을 위한 중요한 판단기준 및 도구로 활용할 수 있다. 이와 관련하여 산업수명주기 및 단계별 특성에 따라 고려할 수 있는 사업전략의 방향과 내용에 대해 요약 · 정리하면 다음과 같다.

표 5-5 산업수명주기와 사업전략

수명주기	도입기	성장기	성숙기	쇠퇴기
기본 전략	침투	전진	방어	철수
전략 초점	엔지니어링: 시장집중화	판매: 고객의 로열티	생산능률: 후속제품	재무: 투자 수익률 극대
주된 목적	생존 가능한 제품 개발	시장점유율의 확장	수익의 극대화, 적정 현금흐름	현금흐름의 극대화
투자 방향	신제품 조사 · 개발	시장점유율 극대화	구체적 성장, 시장점유율 목표 제한	투자 극소화, 자산매각 포기
제품 · 시장	성장기회 식별	제품 주도권 확보	제품차별화, 시장점유율 유지	비용 축소, 제고 축소
생산	저원가 설계와 생산방법 개발	원가절감 위한 경험활동 극대화	제품축소 · 개량 비용유지 · 축소	설비청산 및 폐쇄
마케팅	홍보활동 확대	경쟁사 분석	고객서비스 강화	비용축소, 저가
연구개발	신기술 개발 도입	후속제품 개발 시작	원가 축소, 변형제품 개발	축소 및 중지
위험관리	특정한 범위 수락	수락 가능한 위험부담	위험 제한	위험 회피

한편 힐(C.W. Hill) 등은 〈표 5-6〉과 같이 산업수명주기의 단계뿐만 아니라, 경쟁적 위치에 따라 사업전략을 상이하게 선택할 것을 주장하였다. 이것은 산업수명주기와 경쟁적 위치에 따라 기업이 접하는 환경조건이 제각기 다르기 때문에, 기업이 경쟁우위 획득을 위해서 투자해야 하는 자원도 이를 고려하여 각각 다르게 해야 한다는 것이다. 또한 이것은 앞서 언급한 투자전략과 마찬가지로 '기업의 경쟁적인 위치가 어떠한 상태에 있는가'를 고려해서 결정해야 한다는 것과 같은 의미이다. 여기서 경쟁적 위치란 경쟁기업과 비교한 기업경쟁력의 강도를 말하는 것으로서 일반적으로 기업의 시장점유율과 차별역량에 의해 결정된다.

표 5-6 산업수명주기와 경쟁적 위치의 관계

경쟁적 위치 수명주기	강한 경쟁적 위치	약한 경쟁적 위치
태동기	점유율 구축	점유율 구축
성장기	성장전략	시장 집중전략
과도기	점유율 확대	시장집중, 추수, 청산
성숙기	유지 · 강화, 현금전략	추수, 청산, 투자환수
쇠퇴기	시장집중, 추수, 자산축소	전환, 청산, 투자환수

Ⅵ

전사적 수준의 전략

1. 기업전략의 내용과 특징
2. 기업전략의 구분과 유형

1. 기업전략의 내용과 특징

기업전략은 변화하는 환경 속에서 기업의 장기적이고 궁극적인 목적을 달성하기 위해 전략적인 행동의 포괄적 · 일반적 · 기본적인 방향을 제시할 필요가 있다. 전사적 수준에서의 이러한 전략은 기업 전체가 나아갈 방향을 결정짓는 문제로서 기업을 성장 · 확대할 것인가, 안정을 추구하며 현재의 기업을 정리 · 정돈할 것인가 또는 축소할 것인가를 결정하는 것과 관련되어 있다. 이것은 사업을 수행할 영역, 즉 기업이 활동할 사업과 시장을 결정하는 것과도 같은 의미이다. 다시 말해서 단일사업에 집중할 것인지, 수직적 · 수평적 통합을 추진할 것인지, 국내시장 외에 해외시장으로 진출할 것인지, 새로운 사업분야로 다각화를 모색할 것인지, 사업을 축소, 전환 또는 퇴출을 시도할 것인지 등 사업영역과 관련된 이러한 전략적 의사결정이 기업전략의 주요 내용이다.

표 6-1 기업전략에 대한 학자들의 개념정의

기업수준에서의 기본적인 방향을 제시하는 전략이다.(K.M. Bartol & D.C. Martin, Management)
기업의 사명을 어떻게 수행할 것인가에 관한 일반적인 설명이다.(R. Kreitner, Management)
기업이 어떤 사업에 참여하고, 이들 사업 간에 자원을 어떻게 배분할 것인가를 기술

함이다.(L.W. Rue & L.L. Byars, Human Resource Management)

동태적인 환경 속에서 기업의 장기적이고 기본적인 목적을 달성하기 위한 주요 행동의 포괄적이고 일반적인 계획이다.(J.A. Pearce, An Executive-Level Perspective on the Strategic Management)

이와 같은 개념정의를 통해서 다음과 같은 기업전략에 대한 주요 내용 및 특징적 사실을 알 수 있다.

- 기업전략은 기업의 기본적인 목적을 달성하기 위한 광범위하고 전반적인 전략이기 때문에, 전략적 의사결정에 대한 기본적인 방향을 제시한다.
- 기업전략은 기업의 기본적인 사명과 목적을 어떻게 달성할 것인가에 관련되어 있으며, 한마디로 '우리 기업은 현재 그리고 미래에 어떤 모습이 되어야 하는가'에 대한 광범위하고 근본적인 질문에 대한 대답이다.
- 사업전략이 시장 · 사업에서 어떻게(how) 경쟁할 것인가에 관계된 것이라면, 기업전략은 어떤 사업(what)에 참여할 것인가가 주된 과제이다.

2. 기업전략의 구분과 유형

기업전략은 '어떠한 제품과 시장의 영역(product and market domain)에서 활동할 것인가'에 대한 기업의 방향성과 관계가 있다. 이러한 방향성은 크게 기업이 성장을 추구할 것인가와 사업을 축소할 것인가의 두 가지 형태로 나눌 수 있다. 먼저 성장과 관련하여 기업은 다음과 같은 세 가지 유형의 단계 및 전략을 거쳐서 발전할 수 있다. 첫 번째 단계는 단일국가의 시장 내에서 하나의 사업에 집중화하는 전략을 추진할 수 있다. 두 번째 단계는 주력 및 핵심사업의 경쟁적 지위를 강화하기 위해 원자재의 공급선이나 판매유통 분야로의 사업영역을 확대하는 수직적인 통합 또는 유사한 경쟁업체를 수평적으로 인수합병하는 통합화 전략을 추진할 수 있다. 나아가 해외시장으로의 사업을 확장하는 해외진출의 전략도 실시할 수 있다. 세 번째 단계는 새로운 가치를 창출하기 위해서 여유의 자원을 신규분야에 투자하는 다각화 전략을 추진할 수 있다.

그러나 기업을 확장하고 성장시키는 전략은 여러 가지의 예상치 못한 이유로 계획대로 되지 않거나 실패할 경우도 발생할 수 있다. 이러한 상황에서 기업은 수익성을 회복하기 위해 문제가 있는 부분과 활동들을 축소하거나 조정하는 등 사업축소 전략을 실시하게 된다. 물론 이러한 사업축소의 필요성은 확장 및 성장전략을 추진하는 과정에서 발생하는 문제점을 해결하기 위한 차원에서뿐만 아니라, 기존사업의 판매 및 수익성이 저조하거나 향후에 전망이 좋지 않을 경우에도 제기될 수 있다. 이러한 사업축소는 기업이 생존의 위협을 받고 효과적으로 경쟁할 수 없을 경우에 선택하는 불가피한 전략이지만 경우에 따라서는 최선의 전략일 수 있다.

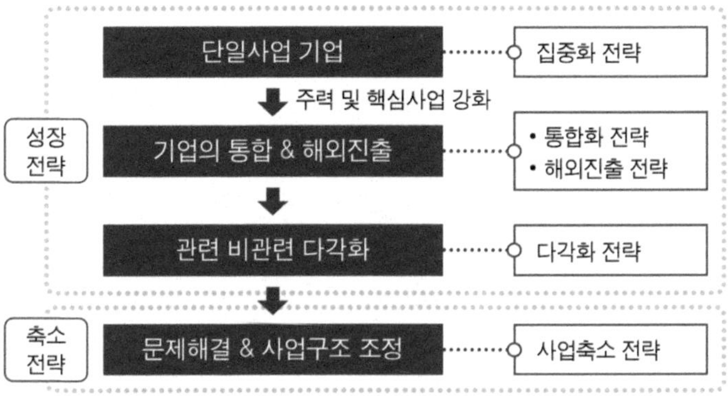

그림 6-1 기업전략의 구분과 유형

2.1 기업의 집중화 전략

기업은 대부분 국내시장에서 단일사업으로 경영활동을 시작한다. 이는 기업의 경영자원을 단일제품(계열)과 단일 시장영역에 초점을 맞춘 것으로, 전사적 수준(기업전략)과 사업수준(사업전략)을 구분할 수 없다. 이러한 경우에 기업은 시장에서 경쟁우위와 함께 이익을 극대화하기 위해서 앞서 언급한 가격 및 원가우위 전략, 차별화 전략 또는 집중화 전략을 추구할 수 있다. 그리고 단일사업에 집중하는 전략을 구사하는 기업은 다른 전략유형에 비교해서 다음과 같은 장점과 단점을 지니고 있다.

① 집중화 전략의 장점

- 모든 자원과 능력을 하나의 사업활동에 집중적으로 투입함으로써 깊은 지식과 경쟁력을 확보 및 강화할 수 있고, 특히 안정적인 경영환경하에서는 위험도가 상대적으로 낮다.
- 사업에서 성공할수록 축적된 경험과 전문적인 노하우는 경쟁우위의 중요한 역량 및 수단이 되며, 해당 산업 내의 전통적인 이미지 구축은 물론 주도권을 행사할 수 있다.
- 단일사업이기 때문에 상대적으로 사업내용을 더 잘 알 수 있고, 빠른 의사결정이 가능하며, 자원과 시간이 분산되지 않는 효과가 있다.

② 집중화 전략의 단점

- 고객의 욕구변화, 기술혁신, 대체재의 출현 또는 산업이 불경기에 직면하거나 쇠퇴기에 접어들 경우, 단일사업은 위협에 처할 수 있다.
- 단일사업에 치중함에 따라 기업이 보유한 자원과 능력을 성장기회가 있는 다른 분야에 생산적으로 활용하기가 어렵다.
- 안정적인 환경하에서는 위험요소가 그다지 크지 않지만, 급변하는 환경에서는 위험을 분산하는 효과를 창출할 수 없기 때문에 높은 위험요소를 가지고 있다.

2.2 기업의 통합화 전략

통합화 전략이란 독립적으로 운영되는 일련의 연속적 또는 유사한 사업 활동에 대해 통합된 통제(unified control)를 추구하는 과정과 활동을 의미한다. 이때 통합된 통제란 소유뿐만 아니라 계약에 의한 통제를 함께 의미한다.

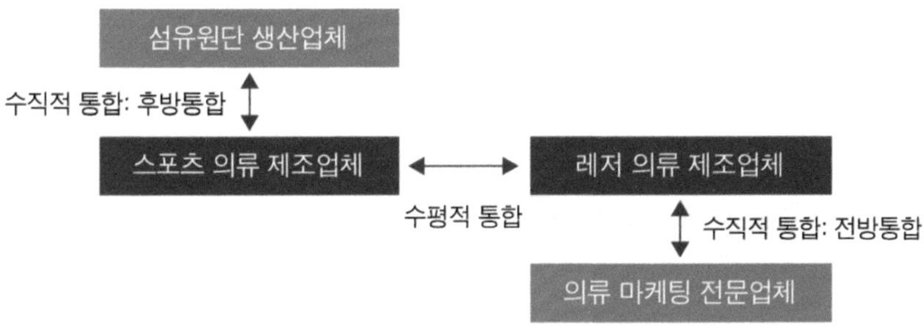

그림 6-2 수직적 통합과 수평적 통합의 사례

이러한 통합적 전략은 (그림 6-2)와 같이 수직적 통합과 수평적 통합으로 구분되며, 수직적 통합은 다시 후방통합과 전방통합으로 세분화할 수 있다. 여기서 전방통합은 기업의 활동범위를 구매자 쪽인 전방으로 확장하는 것이며, 후방통합은 부품, 원자재 등 공급의 원천인 공급업체를 소유하거나 그에 대한 통제를 강화하는 것을 의미한다. 이러한 통합화 전략을 추진하기 위한 전형적인 방법으로는 기업의 인수합병이나 장기계약 등이 있다.

2.2.1 수직적 통합화 전략

수직적 통합화 전략은 사업과 관련된 공급업체, 생산 및 제조업체 또는 유통 및 판매업체 등을 소유하거나 통제하는 것을 말한다. 이처럼 기업은 공급라인을 안정시키거나 원가를 줄이기 위해 후방으로 공급업체를 인수 합병하거나, 전방으로 수요창출 및 경쟁력 제고에 필요한 업체를 통합할 수 있다. 따라서 수직적 통합화의 주요 목적은 핵심사업의 강화와 보호에 있다고 할 수 있다. 그 밖에도 수직적 통합을 하는 이유이자 장점은 다음과 같다.

- 기업이 자신의 사업을 운영함에 있어 통상적으로 갖고 있지 못한 중요한 자원과 능력을 수직적 통합을 통해서 확보할 수 있다.
- 원재료나 부품을 생산공정에 유리한 조건으로 투입함으로써 생산의 효율성과 원가절감의 효과를 창출할 수 있으며, 유통 및 판매에 있어서도 불필요한 비용을 절감할 수 있다.
- 활동량을 증대하여 규모의 경제를 얻을 수 있으며, 신제품의 손쉬운 확보와 함께 신규시장에 진입할 수 있다. 또한 제품의 안정화와 신뢰도 제고, 양질의 원재료 등을 확보함으로써 제품의 품질을 높일 수 있다.

이러한 장점에도 불구하고 수직적 통합화 전략 역시 여러 가지 단점을 함께 지니고 있다.

- 외부의 값싼 공급원이 있음에도 불구하고, 값비싼 자기소유의 공급원으로부터 원재료를 공급받음으로써 오히려 비용상승의 위험이 있다.
- 수직적 통합에 의해서 공급업체나 유통 및 판매업체가 통합되기 때문에 급변하는 환경변화에 신속하고 유연하게 대응할 수 없다.
- 통합한 부분에 문제가 발생하는 경우, 상호 간의 연계성으로 인해서 다른 부분으로 문제가 전파 · 확산되는 위험이 있다.

이러한 장점과 단점을 고려해 볼 때, 기업이 수직적 통합을 어느 정도까지 할 것인가가 현실적인 문제로 부각된다. 이에 대한 명확한 해답을 얻기란 사실상 쉽지 않다. 그럼에도 불구하고 수직적 통합화가 기업의 장기적인 사명과 목적에 얼마나 적합한가, 산업 내에서 기업의 입지를 얼마나 강화해 줄 것인가 그리고 어느 정도로 경쟁우위를 만들어줄 수 있는가 등을 종합적으로 분석해서 결정하는 것이 문제해결을 위한 바람직한 방안이 될 수 있다.

2.2.2 수평적 통합화 전략

수평적 통합화는 동일 업계 및 고객을 대상으로 하는 경쟁사를 인수합병 등의 방법을 통해 경쟁을 줄이거나, 제품믹스 또는 시장영역을 확대 및 개선하고자 추진하는 전략이다. 이는 제품 · 마케팅 체인의 같은 단계에서 활동하는 하나 이상의 유사한 기업의 매수를 통한 성장에 기반을 둔 전략이다. 따라서 기업은 수평적 통합을 통해서 규모의 경제와 시장점유율을 증대시킬 수 있고 시장, 기술 및 유통경로의 결합을 통한 시너지 효과를 창출할 수 있다. 뿐만 아니라 기업 자본활용의 능률을 증대시킬 수 있고, 각종 자원과 능력의 전환을 촉진시킬 수 있다. 반면에 동일하거나 유사한 업종에 사업이 집중되어 있기 때문에 예상치 못한 환경변화가 발생하는 경우에는 그에 따른 위험부담이 많을 뿐만 아니라, 위험분산의 효과도 적다는 단점을 지니고 있다.

인수합병을 통한 통합화 전략

기업의 인수합병은 기업을 통합하거나 다각화하기 위해서 가장 일반적으로 이용되는 수단이다. 여기서 기업인수(acquisition)란 한 기업이 다른 기업을 매수하는 것을 의미한다. 기업인수는 필요한 경영자원 즉 자사에 없는 인적 자원, 기술, 유통망 및 판로, 생산설비, 브랜드 등을 단번에 획득할 수 있기 때문에 시간을 절약하는 효과가 있다. 일반적으로 매출이나 자산이 많은 대기업들이 작은 기업들을 인수한다. 다임러크라이슬러의 미쓰비시 인수와 르노의 닛산 인수가 대표적인 사례이다.

한편 기업인수와 달리 두 개의 작은 기업들이 그 자산을 결합할 때, 이러한 거래를 기업합병(merger)이라 한다. 기업합병은 기업인수와 같은 방법으로 현금이나 자본을 이용해서 다양하게 이루어질 수 있지만, 기업인수와 달리 비호의적인 경우는 거의 없다. 또한 기업합병의 경우, 기업 갑이 기업 을의 자산 일부를 매수할 때, 기업 을도 동시에 기업 갑의 자산 일부를 매수한다. 이처럼 기업합병의 시작은 기업인수와 다르지만, 결국에는 한 파트너가 의사결정을 주도하게 되면서 기업인수와 비슷한 양상을 띠게 된다.

[인수합병의 기대효과]

기업이 인수합병을 실시하는 이유이자, 이를 통해서 기대되는 효과를 살펴보면 (표 6-2)와 같이 정리할 수 있다.

표 6-2 인수합병의 기대효과

기대효과	원인 및 배경
생산원가 또는 유통원가 절감	규모의 경제를 통해, 수직적 통합을 통해, 더 효율적인 생산 또는 기술 채택을 통해, 인적 자원 활용을 통해서 원가절감의 효과가 가능하다.
재무적 효과 창출	이용되지 않은 세금 감면의 이익에 접근하기 위해, 파산원가를 피하기 위해, 레버리지 기회를 높이기 위해, 기타 세금 우위를 획득하기 위해서 실시한다.
시장 지배력 획득	수직적 · 수평적 통합을 통해서 시장지배력의 강화가 가능하다.
다각화 효과 창출	기업이 감수하는 위험에 비해 성과를 높이기 위해, 같은 성과에서 위험을 낮추거나 분산하기 위해서 실시한다.

[인수합병의 점검사항]

기업이 인수합병을 통해서 시너지 효과를 창출하기 위해서는 인수대상과 자사와의 전략과 조직(문화) 측면에서 정합성 여부를 정확히 파악할 필요가 있다. 이와 함께 성공적인 인수합병을 위해서는 다음과 같은 세 가지 질문을 제기하고 점검하는 것이 중요하다.

- 두 기업 간에 예상되는 시너지 효과가 어디에 어느 정도인가?
- 인수합병에 소요되는 비용이 인수합병의 가치보다 많은가 적은가?
- 인수합병한 기업으로부터 기대효과가 실제로 발생할 수 있는가?

[인수합병의 유형]

기업의 인수합병은 동일업종 내에서뿐만 아니라, 타 업종 간에도 이루어진다. 전자의 경우에 수평적 통합과 수직적 통합의 두 가지 형태가 있다. 수평적 통합은 주로 성숙한 산업 내에서 동일 업종의 경쟁회사를 인수합병함으로써 규모의 장점을 살려서 비용우위를 구축하는 것이 주요 목적이다. 석유플랜트 업계나 시멘트 회사의 합병 등을 사례로 들 수 있다. 이에 대해 수직적 통합은 비용 또는 시장 측면에서 자사의 조정 및 통제범위를 넓히고, 이를 통해서 다른 회사에 대한 우위성을 확보하는 것이 일반적인 목적이다. 예를 들어 자동차 제조사가 타이어 회사를 인수할 경우에 수직적 통합에 해당된다. 한편 다른 업종 간의 인수합병은 주로 사업다각화를 위해서 이루어진다. 일반적으로 다른 업종 간 인수합병의 배경 및 목적은 사업의 상호보완이나 자원의 공용화에 따른 상승효과, 복수사업 보유에 따른 위험분산 등에 있다.

장기계약을 통한 통합화 전략

앞서 언급한 통합화 전략이 지닌 단점을 해소하기 위한 대체전략으로서 장기계약을 들 수 있다. 여기서 장기계약이란 공급자는 구매자에게 지속적인 공급을, 구매자는 공급자에게 지속적인 구입을 약속하는 협정을 말한다. 기업은 이러한 장기계약을 통해서 수직적 통합을 통해 얻을 수 있는 장점을 서로 공유하면서, 환경변화에 대해 신속하고 유연하게 대응할 수 있고, 관료적 비용 등과 같은 문제점도 해결할 수 있다. 그러나 이렇게 예상되는 장점에도 불구하고 계약자들 간에 불신과 협력 부족으로 기대되는 장점을 얻을 수 없는 것이 현실이다. 이러한 문제점을 해결하기 위해서는 계약의 불이행에 대비한 담보설정을 하거나, 신뢰구축을 위해서 특화된 분야에 공동으로 투자를 하거나, 구체적인 구매계약을 체결하는 등의 법적 · 제도적인 방법을 강구할 수 있다.

국제적 환경에서의 통합화 전략

국내기업 일부분의 기능을 외국기업에게 아웃소싱함으로써 해외시장의 지출 및 통합의 효과를 얻을 수 있다. 물론 아웃소싱 대신 외국기업과의 직접적인 통합을 통해서 사업의 확대 및 성장을 추구할 수도 있다. 그 밖에도 국제적 환경에서 통합화와 관련된 방법과 내용을 살펴보면 (표 6-3)과 같다.

표 6-3 국제적 환경에서의 통합화 전략

통합화 정도	통합적 방안
통합되지 않은 형태	수출
중간수준의 통합된 형태	라이선싱, 전략적 제휴
완전히 통합된 형태	해외 직접투자

수출은 통합이나 투자부담 없이 해외시장에 자사의 제품을 판매할 수 있다. 이에 대해 외국기업에게 생산, 판매, 상표 등의 상업적 자산권의 일정한 영역을 계약기간 동안 제공하는 라이선싱(licensing)과 서로 자신 있는 분야에 대한 전략적 제휴(strategic alliance)를 통한 규모의 경제성 추구, 위험 및 투자비용의 분산, 경쟁우위 자산에 대한 보완 및 공유, 우수기술의 획득, 신규시장의 진입 및 확대, 과다 경쟁방지 등의 긍정적인 효과를 창출하는 중간수준의 통합이 있다. 특히 통합의 한 가지 형태로서 전략적 제휴는 필요한 자원을 효율적으로 활용하기 위해 동등한 자격으로 서로의 독립성을 유지하며 협력하는 방법이다. 전략적 제휴의 유형으로는 비지분 제휴, 지분 제휴 그리고 조인트 벤처가 있다.

- **비지분 제휴(non equity alliance)**: 제휴에 참여하는 기업들은 제품이나 서비스의 개발, 제조 또는 판매과정에서 협력하기로 동의하지만, 협력과정을 조율하기 위해 서로의 지분에 투자하거나 또 다른 독립적인 조직을 만들지 않는다.

• **지분 제휴**(equity alliance): 제휴에 참여하는 기업들은 지분투자를 통해 제휴계약을 보완한다. 예를 들어 GM사가 이스주의 소형 자동차를 미국으로 수입하면서, 이스주 지분의 34.2%를 인수한 경우가 이에 해당된다.

• **조인트 벤처**(joint venture): 제휴에 참여하는 기업들은 특정한 공동의 목적을 이루기 위한 독립적인 조직을 설립하기 위해 공동으로 투자하며, 그에 따른 손익도 공동으로 부담하는 경우이다.

전략적 제휴는 인수합병보다 자본투자가 적어도 되기 때문에 위험이 비교적 적다. 따라서 환경변화가 심하고 자사의 여유자금이 적을 때, 통합화의 방안으로 적합하다. 전략적 제휴의 성공을 위해서는 가치사슬 어느 부분에 부가가치가 있고, 특히 어느 부분에 상호 간의 이익을 가져다주는가를 정확히 파악하고 분석하는 작업이 필요하다.

끝으로 해외시장 진출을 목적으로 완전히 통합된 형태로서 국내기업이 외국기업을 인수하거나 외국에 독립적인 자회사를 설립하는 방법이 있다. 이러한 해외투자는 해외시장으로부터의 경제적인 이익을 가져올 수 있지만, 국내시장과 다른 정치적 · 경제적인 위험을 수반하므로 투자의 가치가 현저하게 높을 때 가능하다.

2.3 기업의 해외진출 전략

2.3.1 해외진출의 내용과 의미

기업의 해외진출 초기단계는 대부분 자국에서 생산한 제품을 그대로 또는 목표한 해외시장에 적합하게 수정해서 수출하는 형태를 보인다. 이후 수출이 점차 확대되고 본격적인 해외진출의 필요성을 느끼게 되면 세계화(globalization) 전략이나 국제화(internationalization) 전략을 선택하게 된다.

[세계화 전략]

세계화 또는 글로벌화 전략이란 기업이 국가단위의 전략을 초월하여 세계 전체를 하나의 시장으로 보고 같은 전략을 전개하는 것을 뜻한다. 이는 전 세계를 대상으로 가급적 모든 사람들이 공통적으로 선호하는 부분에 초점을 맞추고, 표준화된 제품을 대량으로 생산 및 공급하는 것을 의미한다. 예를 들어 코카콜라, 맥도날드, 스타벅스 등의 해외진출 전략이 이에 해당된다. 이러한 기업들은 대부분 자본이 풍부하며, 본사 주도로 세계시장을 공략하는 전략적인 경영활동을 실시한다. 또한 국가 또는 지역별로 차별화된 경영활동이 거의 없기 때문에 해외거점이 비교적 발달하지 않는다.

[국제화 전략]

국제화 또는 다국가적 전략은 국가단위별로 한 나라에서 다른 나라로 진출하는 것을 의미한다. 자국의 제품과 서비스를 현지의 환경과 문화에 적합하게 개조하여 특정국가나 지역별로 공략하는 맞춤식의 전략이다. 이는 철저하게 해당 국가의 시장요구에 맞도록 제품을 차별화하고, 국가별로 권한의 위임 및 독립적인 경영활동을 통해서 현지의 경쟁력을 강화시켜 나가는 방법이다. 또한 개별국가와 지역별 경쟁우위를 확보하기 위해서 현지화에 치중하고, 현지기업과 경쟁하기 위한 해외거점의 강화와 활동이 매우 활발하다. 예를 들어 일본에 가전제품들을 판매하기 위해서 해당 지역에 판매거점을 확보하는 것은 물론, 일본인의 취향에 적합하게 제품을 소형화하거나 다기능화하는 경우가 이에 해당된다.

2.3.2 해외진출의 필요성과 장단점

오늘날 세계는 정보통신과 교통수단 등의 발달로 지구촌이라는 하나의 시장을 향해 나아가고 있다. 때로는 보호무역의 추세로 회귀하는 경향도 있지만, 그럼에도 불구하고 국가 간의 문화적인 이질화의 감소, 소비자들의 공통적인 욕구 증가, 기업들의 기술개발 노력과 해외시장 개척 등으로 인해 마치 세계의 기업들이 한 국가에 있는 것과 같이 다국적 기업들 간에 치열한 경쟁이 벌어지고 있다. 이와 동시에 과거에는 국가 또는 지역별로 시장이 분리되었던 것이 점차 하나의 거대한 시장으로 변화하고 있다. 이러한 환경변화를 고려해 볼 때 기업의 해외진출은 기업의 전략으로서뿐만 아니라, 오늘날 기업의 성장과 발전을 위해서 반드시 고려해야 할 사안이 되었다.

이러한 배경 및 필요성과 더불어 기업의 해외진출 전략은 기업의 성장과 함께 해외시장에서 기업의 위치를 향상시킬 수 있는 기회를 포착하는 데 근본적인 목적이 있다. 구체적으로 이것은 새로운 잠재고객을 찾아 매출을 증가시키고, 제품의 수명주기를 연장하거나, 규모의 경제를 실현하는 등 긍정적인 효과를 창출하기 위함이다. 또한 범세계적으로 가치체인을 형성하고, 생산비용을 절감하며, 신기술을 확보하기 위해서도 해외진출 전략을 구사한다. 이외에도 해외진출을 통해서 쌍방향의 학습효과와 다양한 관점 및 아이디어를 중심으로 창의적인 지식과 역량을 개발하고 강화하는 측면에서 적지 않은 도움이 된다. 다시 말해서 다국적 교류와 협력을 통한 다각적인 각도에서 문제를 분석하고 진단함으로써 문제해결에 대한 보다 다양한 방안을 창출해 낼 수 있다는 장점을 지니고 있다.

한편 이러한 목적과 그에 따른 긍정적인 효과와 함께 기업의 해외진출은 단점도 지니고 있다. 먼저 해외 파트너들과 협력관계가 이루어지는 과정에 있어 혼란과 갈등이 발생할 수 있다. 또한 다양한 문화로 구성된 집단 및 문화적인 차이에 기인한 불신과 상동적 태도(stereotyping), 의사소통 측면에서의 오류와 오해 등은 불필요한 갈등과 긴장을 야기할 수 있고, 구성원들의 사기를 저하시키는 위험도 발생할 수 있다. 그 밖에도 팀워크가 약해져 경영에서의 과정손실(process loss)이 발생할 가능성이 있다.

표 6-4 해외진출 전략의 특징과 장단점

구분	제조비용	관료적 비용	전략적 조정	소비자 반응
국제화 전략	높다	낮다	낮다	높다
세계화 전략	낮다	높다	높다	낮다

따라서 기업은 해외진출에 따른 이러한 장단점을 충분히 검토하여 의사결정을 하는 것이 바람직하다. 그 밖에도 해외진출을 결정하더라도 구체적으로 기업의 어느 부문을 이전할 것인가가 쟁점이 될 수 있다. 이 점에 대해서는 자사의 가치가 부가되는 과정(가치사슬)을 분석하고, 그 과정의 어느 부문을 해외로 이전하면 차별화, 저비용화 등의 경쟁적 우위성을 구축할 수 있는가를 철저히 가려서 의사결정을 하는 것이 중요하다.

2.3.3 해외진출의 방법과 유형

기업이 세계화와 국제화 전략을 전개할 수 있기까지는 몇 단계의 과정을 밟게 된다. 일반적으로 기업의 해외진출 방법에는 수출, 계약 그리고 직접투자의 세 가지 유형이 존재한다. 먼저 수출에 의한 해외사업의 운영은 대부분 일회성 거래의 형태를 띠며, 단기적이고 위험의 정도가 낮은 가장 단순한 해외시장의 진출방식이다. 이에 대해 계약에 의한 해외시장 진입방식은 주로 외국의 현지기업과 장기적인 협약을 통해서 사업을 운영하는 방식으로서 라이선스, 프랜차이즈, 전략적 제휴 등이 대표적인 형태이다. 반면에 직접투자는 해외 현지에 합작회사나 자회사를 설립하는 방식이다. 이것은 통제의 강도가 가장 강한 형태로서 적지 않은 자금과 인력을 투입해야 하는 만큼 상대적으로 위험이 높은 해외진출의 방식이다. 이들 해외진출 방식에 대한 구체적인 내용과 장단점을 살펴보면 다음과 같다.

[수출]

수출(export)은 간접수출과 직접수출로 나눌 수 있다. 간접수출은 주로 종합무역상사나 수출대행사를 통해서 이루어진다. 이는 기업이 직접 수출 관련 업무를 수행하지 않기 때문에 해외시장을 개척하는 데 큰 노력이 필요하지 않다. 이에 반해 직접수출은 자사의 수출전담 부서나 판매 법인을 통해서 해외시장의 개척, 현지딜러 관리, 판촉행위 등 수출 관련 제반업무를 직접 수행하기 때문에 자사제품에 대한 강한 통제력을 갖는다. 이외에도 수출의 장점은 해외 생산시설에 대한 투자비용과 그에 따른 위험을 피할 수 있으며, 해외시장의 확대를 통한 기업의 이미지 제고, 위험분산, 규모의 경제 등을 실현할 수 있다. 그러나 해외에서 직접 생산하는 것이 비용이나 기타 측면에서 유리하다면, 수출은 부적절한 방법이다. 또한 부피가 큰 제품의 경우에는 수송비 때문에 수출이 비경제적일 수 있으며, 관세장벽으로 인해서 불리할 수도 있다.

표 6-5 수출의 장점과 단점

구분	장점	단점
간접 수출	해외시장 개척에 직접적 노력이 필요하지 않다. 자본 투입이 적고 위험도 적다.	수출대행 수수료를 지급해야 한다. 국제화의 경험이 축적되지 않고, 해외시장 정보획득이 곤란하다.
직접 수출	해외시장정보 획득이 가능하다. 해외시장 기반을 구축하고, 수출경험을 축적할 수 있다.	수출업무에 대한 지식과 경험, 전문인력이 필요하다. 현지 A/S 네트워크가 필요하다.

[라이선스]

라이선스(license)란 외국의 라이선스 획득자(licensee)가 라이선스 제공자(licensor)에게 일정한 대가를 지불하고, 자국에서 라이선서 기업의 기술과 노하우, 등록상표, 제조공정 및 제품을 생산하는 등의 권한을 획득하기 위한 계약을 말한다. 예를 들어 IBM이 인텔로부터 마이크로프로세서를 라이선스를 받아 자체적으로 생산한 경우가 이에 해당된다. 따라서 수출이나 직접투자에 대한 장애요소가 있을 때, 라이선스는 하나의 효과적인 대안이 될 수 있다. 또한 제품의 수송비용이 너무 많이 소요되거나, 해외진출에 필요한 자본이 충분하지 못한 경우에도 해외진출을 위한 유용한 방법이 될 수 있다. 그 밖에도 투자국의 정치적인 위험이 클 경우에는 비용과 위험부담을 줄이기 위해 직접투자보다 라이선스를 활용할 필요가 있다. 반면에 자사의 브랜드나 제조, 마케팅 등에 대해 통제하기가 어렵고, 특히 기술에 대한 보호와 통제가 힘들다는 단점이 있다. 이와 더불어 라이선스는 향후 경쟁자를 만들 가능성 및 위험성이 존재한다.

[프랜차이즈]

라이선스의 한 형태인 프랜차이즈(franchise)는 프랜차이즈 제공자(franchisor)가 프랜차이즈 획득자(franchisee)로부터 일정한 대가를 받고, 자신의 브랜드를 사용할 수 있는 권한을 판매하는 것을 의미한다. 이때 프랜차이즈 획득자는 프랜차이즈 제공자에게 일정한 비용을 지불하고 그에 상응하는 경영상의 혜택을 받는 대신, 프랜차이즈 제공자는 품질관리, 경영방식, 마케팅 등에 대한 엄격한 관리와 통제를 할 수 있다. 예를 들어 피자헛이나 파리바게뜨, 맥도날드 등이 프랜차이즈 기업에 해당된다. 프랜차이즈의 장점은 적은 자본으로 해외진출이 가능하며, 표준화된 마케팅의 활동 및 이를 통한 규모의 경제를 창출할 수 있다. 또한 라이선스와 마찬가지로 적은 비용과 낮은 위험부담으로 세계시장에 진출하는 것이 가능하다. 그러나 현실적으로 해외시장에서 엄격한 통제와 관리를 지속적으로 유지하기란 힘들다. 또한 라이선스처럼 장기적인 측면에서 경쟁자를 키울 가능성이 있다는 단점이 있다.

[전략적 제휴]

전략적 제휴(strategic alliance)란 경쟁관계에 있는 기업이 일부 사업, 또는 기능별 활동부분에 대해 경쟁기업과 일시적인 협조관계를 맺는 것을 의미한다. 전략적 제휴의 근본적인 목적은 제휴기업과의 협조체제를 통해서 제휴관계 이외의 기업들에 대해 효과적으로 경쟁하기 위함이다. 대부분의 전략적 제휴는 상호성(reciprocity)에 입각하여, 상당히 구체적이고 명확히 제시된 목적을 수행하기 위해 이루어진다.

기업의 해외진출을 위한 전략적 제휴에는 연구개발 컨소시엄, 기술제휴 라이선스, 생산 라이선스, 제품스왑이나 판매제휴(OEM) 등의 기능별 제휴에서 합작투자까지 다양한 형태가 있다. 기능별 제휴는 연구개발, 생산, 마케팅, 기술, 유통과 같은 각각의 기능분야에서 공동으로 프로젝트를 수행하는 것이다. 이에 대해 합자투자는 일부 기능에만 국한된 기능별 제휴와 달리, 법률적으로 모기업으로부터 독립된 법인체(합작회사)를 설립하는 것을 의미한다. 따라서 기능별 제휴는 합작투자와 같은 새로운 조직을 창출하지 않고, 제휴의 영역도 상대적으로 대단히 제한적이라고 말할 수 있다.

전략적 제휴의 장점으로는 자원과 위험의 공유, 신제품 개발과 시장진입의 속도 단축, 산업표준의 선택 그리고 기존의 사양산업으로부터 탈퇴하는데 유용한 측면이 있다. 반면에 다음과 같은 조건의 충족여부에 따라 위험도 함께 내포하고 있다. 첫째, 제휴기업 간에 전략, 네트워크, 기업문화, 경영관리 시스템이 서로 모순되거나 이해가 상반되지 않는가에 대한 양립성(compatibility)에 문제가 없어야 한다. 둘째, 파트너가 갖고 있는 경영자원과 핵심역량에 대한 능력(capability)에 문제가 없어야 한다. 즉 제휴를 통해 서로가 약점을 보완하고, 강점을 더욱 강화시킬 수 있어야 제휴의 의미와 성과를 도출할 수 있다. 셋째, 앞서 언급한 두 가지 조건을 충족하더라도 제휴의 성과창출을 위해서는 몰입성(commitment)에 대한 문제가 없어야 한다. 다시 말해서 제휴 당사자들이 성공적인 제휴를 위해 시간과 에너지, 경영자원을 투입하고자 하는 적극적인 사고와 행동을 보여야 한다.

[합작회사]

외국기업과 국내기업의 공동출자로 설립 · 운영하는 합작회사(joint venture)를 통해서 해외진출이 가능하다. 이러한 합작회사는 투자자금과 각종 위험을 공동으로 분담하며, 합작 파트너로부터 현지의 경험과 지식을 얻을 수 있는 장점이 있다. 또한 현지 상황에 대한 정보를 빠르게 파악할 수 있으며, 현지 네트워크의 형성에도 도움이 된다. 그 밖에도 사업허가나 규제조건 측면에서 단독으로 진출하는 것보다 유리한 점이 많다. 그러나 합작 파트너와 경영방법이나 전략 측면에서 차이가 있을 경우, 이를 조정하는 데 어려움이 발생할 수 있다. 이외에도 합작 파트너에게 기술이 이전되기 때문에 장차 경쟁기업으로 발전할 위험성이 존재한다.

[자회사]

해외에 자기소유의 기업을 설립하는 형태의 자회사(subsidiary company)는 가장 비용이 많이 들고 위험도 크다. 또한 기업활동에 필요한 기능을 모두 신설해야 하기 때문에 많은 준비와 시간이 소요된다. 이러한 불리한 점에도 불구하고 기업의 경쟁적인 이점, 특히 기술적인 우위를 지니고 있을 경우에는 자회사를 설립함으로써 기술적인 노하우에 대한 통제력을 유지하기가 용이하다. 또한 외국에 위치한 공장에 대한 전략적 통제와 가치체인을 형성함으로써 경쟁우위를 점할 수 있는 장점도 있다.

이와 같이 직접 기업을 설립하는 방법 외에도 해외기업을 인수합병함으로써 자회사를 설립할 수 있다. 기업의 인수합병은 빠른 시간에 해외시장의 진입이 가능하며, 이미 운영 중인 생산설비, 브랜드, 유통망 등을 한꺼번에 인수할 수 있기 때문에 비교적 쉽고 빠르게 시장점유율을 높일 수 있다. 그러나 인수합병을 진행하는 과정에 있어 생각보다는 의외로 많은 시간과 노력이 요구되는 위험도 존재한다.

표 6-6 해외진출 전략의 장단점

구분	장점	단점
수출	규모의 경제 실현 가능	높은 수송비, 관세장벽 현지 대리인과 문제
라이선스	낮은 개발비와 위험	전략적 조정과 통제 한계 기술에 대한 통제관리 부족
프랜차이즈	낮은 개발비와 위험	전략적 조정과 통제 한계 품질관리상의 애로사항
전략적 제휴	약점 보완, 강점 강화	양립성, 능력, 몰입성 문제
합작회사 설립	현지파트너 경험과 지식 이용 개발비와 위험부담	전략적 조정과 통제 한계 기술에 대한 통제관리 부족
자회사 설립	기술 보호 엄격한 통제 가능	모든 개발비용과 위험에 대한 자체 부담

이상에서 살펴본 바에 따르면 기업이 해외시장 진출을 위해 어떠한 방식을 택할 것인가는 (그림 6-3)과 같이 크게 두 가지 요인에 의해 영향을 받는다고 말할 수 있다. 이는 거꾸로 말해서 기업내부의 경영환경과 해당 진출국의 투자환경을 함께 고려해서 해외시장의 진출방식을 결정해야 한다는 것을 의미한다.

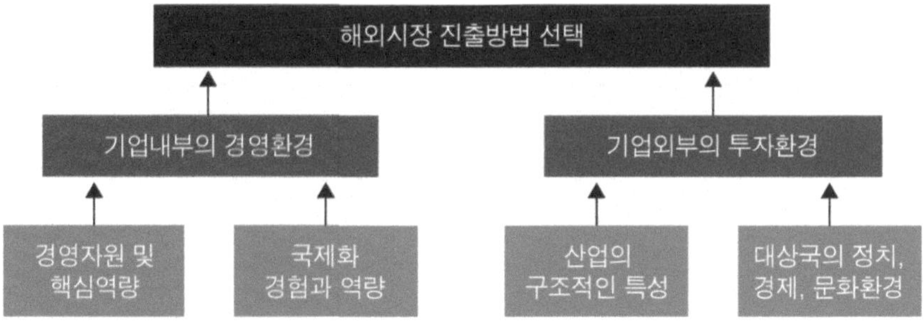

그림 6-3 해외시장 진출방법 선택 시 고려사항

- 기업내부의 경영환경 요소인 기업이 갖고 있는 경영자원과 핵심역량, 즉 해당 기업이 보유한 기술, 브랜드 그리고 진출 대상국과 관련된 국제화의 경험과 역량 등을 고려해서 해외시장의 진출방법을 선택하는 것이 필요하다.

- 이와 함께 기업외부의 투자환경 요소로써 해당 산업의 구조적인 특성과 진출하고자 하는 국가의 정치, 경제, 문화적인 환경을 중점적으로 살펴보고 해외시장 진출방법을 결정하는 것이 필요하다.

2.4 기업의 다각화 전략

2.4.1 다각화의 내용과 성공조건

다각화(diversification)란 넓은 의미로 기업의 잠재능력을 살리거나, 경영자원을 효과적으로 활용하기 위해서 기업이 만들거나 판매하는 제품(서비스)의 다양성을 증대시키는 것이다. 이는 현재의 사업과 다른 새로운 영역의 개발, 즉 현재 사업과 관련되거나 관련되지 않은 사업을 통해서 기업의 효과적인 성장과 발전을 모색하려는 접근방법이다. 이에 대해 좁은 의미로서 다각화는 현재의 핵심 및 근간을 이루는 사업분야를 넘어서 완전히 새로운 영역, 즉 새로운 제품과 시장의 개발을 통해서 사업을 확대하는 것이다. 이와 같은 의미로 앤소프(H.I. Ansoff)는 〈표 6-7〉과 같이, 기업은 기본적으로 두 개의 축을 기준으로 사업을 확장한다고 보고, 다각화를 새로운 제품과 새로운 시장으로 확대하는 것으로 설명하였다. 따라서 기존 제품이나 시장과는 완전히 무관한 새로운 분야로 진출하는 기업의 성장전략을 다각화 전략으로 이해할 수 있다.

표 6-7 앤소프의 제품 · 시장 매트릭스

구분		제품	
		현재	신규
시장	현재	시장침투	신제품 투입(제품개발)
	신규	시장확대(시장개발)	다각화

이러한 다각화 전략이 기업의 수익성을 높이려면 새로운 가치를 창출할 수 있어야 하는데, 이와 관련하여 포터(M.E. Porter)는 다각화 전략이 성공하려면 다음 세 가지 점검을 통과해야 한다고 주장하였다.

- **산업매력도 점검**: 진입하기로 결정한 산업이 구조적으로 유리한 조건에 있으며, 앞으로도 전망이 좋은지에 대한 점검
- **진입비용 점검**: 산업의 매력도 점검을 통과하더라도, 진입비용이 진입 후 얻을 수 있는 수익보다 높은지에 대한 점검
- **개선도 점검**: 새로이 진입한 사업분야에서 해당기업의 다른 사업분야와 범위의 경제성을 창출함으로써 경쟁기업에 비해 경쟁우위를 갖는지에 대한 점검

2.4.2 다각화의 필요성과 장단점

기업의 다각화 전략은 다양한 배경과 필요성에 의해 추진된다. 먼저 기업내적인 측면에서 볼 때, 보유한 여유자금, 첨단기술이나 R&D 성과, 경영 노하우 등의 자원을 효과적으로 활용하기 위해서, 기존사업과 신규사업 간에 자원을 상호공유하기 위해서, 또는 지나친 집중화 및 전문화로 인한 위험을 회피하며 균형적인 사업구조를 갖추기 위해서 다각화를 추진한다. 이에 대해 기업외적인 측면에서 다각화를 추진하는 이유는 기존 제품시장의 침체나 쇠퇴기로부터 벗어나기 위해서, 시장의 높은 성장과 수익이 기대되는 새로운 사업분야로 진출하기 위해서, 또는 다각화를 통해서 시장의 지배력을 강화하기 위함이다.

그러나 기업의 다각화는 이러한 긍정적인 기대효과와 함께 비용과 위험을 지니고 있다. 지나치게 많은 사업으로 인해서 경영이 복잡해지고 적시에 정보파악이 힘들어지는 상황이 발생할 수 있다. 또한 신규사업과 기존

사업 간에 기술이전이나 자원공유에 있어 원활한 협조가 이루어지지 않는 경우에는 다각화에 의한 가치창출보다 불필요한 관료적 비용이 더 크게 발생할 수도 있다. 그 밖에도 잘못된 이유로 다각화를 추진하는 경우, 예를 들어 기업이 경쟁우위를 얻기 위해서 집중과 노력을 하기보다 단순히 위험분산이나 성장을 위한 목적으로 다각화를 시도한다면, 위험에 직면하거나 실패할 확률이 높다.

2.4.3 다각화의 방법과 유형

기업의 다각화를 실현하는 대표적인 방법은 한 기업이 부품생산과 유통 및 판매를 같이할 수 있도록 수직적 통합을 하거나, 전혀 다른 업종의 기업을 인수 · 합병하는 것이다. 이외에도 다른 기업과 연합하여 새로운 분야로 진출하는 전략적 제휴나 합작회사를 설립할 수도 있다. 이를 통해서 투자의 비용과 위험을 둘 이상의 기업이 공유할 수 있는 다각화의 장점이 발생할 수 있다. 그러나 다각화한 신규사업의 성공요인이 기존사업과 완전히 다른 전략이나 기업문화를 필요로 하는 경우에는 예상하지 못한 어려움과 위험에 봉착할 수 있다.

다각화의 유형은 크게 관련 다각화(related diversification)와 비관련 다각화(unrelated diversification)로 구분할 수 있다. 이때 '기존사업과 새로 진출하는 사업 간에 시너지 효과를 얼마나 달성하느냐'가 관련 다각화와 비관련 다각화를 구분하는 기준이 된다. 따라서 관련 다각화란 기존의 기업활동과 새로이 진출하려는 사업 간에 공통적인 가치사슬의 구성요소가 하나 이상 존재하는 것을 뜻한다. 즉 제조 및 생산, 마케팅, 자재관리, 기술적인 측면에서 기존사업과의 연관관계 및 시너지의 효과가 있는 경우를 말한다. 다각화에 의한 이러한 시너지 효과가 기대되는 것은 그만큼 자원의 공유를 통한 경영상의 장점이 주어지는 것을 의미한다. 반면에 시장의 환경이 어려워질 경우에는 관련 사업 모두가 위험에 직면하게 되는 소위 '도미노 효과'의 단점도 함께 지니고 있다.

한편 비관련 다각화는 기존의 경영활동과 전혀 관련이 없는 새로운 분야로 진출하는 것을 말한다. 즉 앞서 언급한 광의의 다각화 개념이 아니라 협의의 다각화 개념이다. 예를 들어 건설회사가 전자분야로 또는 섬유회사가 증권회사로 진출하는 '문어발식'의 사업 확장을 의미한다. 이러한 비관련 다각화는 주로 기업의 인수와 합병으로 이루어지며, 이를 위한 기본적인 전제는 인수합병 대상기업이 다음과 같은 기준을 충족하면 가능하다.

- 신규 사업이 수익성 측면에서 기업 전체 수준의 목표를 달성하는 데 도움을 줄 수 있는지 여부
- 신규 사업을 추진하기 위해 너무 많은 자본의 투입을 필요로 하지는 않는지 여부
- 신규 사업의 성장 잠재력이 상당히 높은 산업에 속했는지 여부
- 신규 사업의 규모가 모기업의 재무적인 성과에 충분히 기여할 수 있는 정도로 큰지 여부
- 신규 사업의 제품이 안전성과 환경문제 등 노조와 마찰이 예상된다거나, 불리한 정부의 규제를 받을 가능성이 있는지 여부

• 신규 사업이 경기침체, 인플레이션, 이자율 변동, 정부정책 변화로 손해를 볼 가능성이 있는지 여부

표 6-8 관련 다각화와 비관련 다각화 비교

구분	관련 다각화	비관련 다각화
내용	기존 사업과 관련 있는 새로운 사업분야로 진출	기존 사업과 관련이 없는 새로운 사업 분야로 진출
방법	기존 상표, 시설, 기술, 마케팅 능력의 활용	여유자금, 사업 전환, 제품포트폴리오 개념의 활용
효과	규모의 경제, 전문성	위험 분산, 성장 및 수익, 감세효과

2.5 기업의 사업축소 전략

2.5.1 사업축소의 내용과 배경

사업축소 전략이란 성장전략과 반대되는 개념으로서 기업의 활동규모, 즉 사업범위의 축소를 의미한다. 이것은 사업의 실패가 예상되고 효과적으로 경쟁할 수 없거나 생존의 위협을 받을 때, 불가피하게 선택하는 전략으로 때로는 최선이 될 수 있다.

일반적으로 사업축소 전략을 실시하는 목적은 위기 또는 문제를 해결하기 위해서, 기업의 활동규모를 축소함으로써 다른 사업이나 기능을 개선하기 위해서, 이윤을 내지 못하거나 운영비가 과다하기 때문에 구조조정을 통해서 불필요한 사업을 정리하기 위해서, 새로운 시장으로 다각화하기 위

해서 등 다양한 원인에 기반을 두고 있다. 그 밖에도 기업으로 하여금 축소전략을 선택하게 하는 배경과 원인으로는 다음과 같은 것이 있다.

- 기업의 모든 또는 어느 부분이 잘못 운영됨으로써 일어나는 재무상의 문제가 발생하고, 경쟁적 지위가 약해지기 때문이다.
- 과도한 팽창과 다각화는 부가가치의 창출보다 경영위기를 초래할 수 있고, 예상치 못한 급격한 원가(비용) 상승의 요인이 발생하기 때문이다.
- 시장에 강력한 새로운 경쟁사가 진입하거나 제품의 수명주기가 침체 및 쇠퇴기에 접어들고, 법령과 규정이 바뀌는 등 기업이 이로 인해 어려운 시기를 맞이하기 때문이다.
- 기술, 경제, 정치, 사회 및 문화 등의 급격한 환경변화에 의해 수요가 예기치 않게 변할 수 있기 때문이다.

2.5.2 사업축소의 방법과 유형

세계적인 경기침체, 저성장의 시대, 제품의 수명주기 단축 등의 경영환경에서 기업들은 시장에서 살아남기 위해 기존사업을 축소하거나, 조직을 통폐합하는 감량경영과 함께 종업원의 감축 등 기업의 체질을 개선하기 위한 변신전략이 불가피해졌다. 이러한 시대적 변화로 인해 다운사이징(downsizing), 리스트럭처링(restructuring), 리엔지니어링(reengineering) 등의 개념도 도입되었다. 여기서 리엔지니어링이란 고객만족을 최우선으로 기존의 업무나 조직 등 경영 전반을 원점에서 혁신적으로 수정 및 재설계함으로써 기업의 경쟁력을 강화하고자 하는 전략이다. 이에 대해 다운사이징은 단기적인 전략이 아니라 장기적인 전략으로서 흑자를 내기 위해 기업의 규모를 축소하거나 종업원을 감원하는 등 기업구조를 조정하는 것을 의미한다. 이와 비슷한 개념인 리스트럭처링은 경쟁력을 상실한 기업들이 주로 주력사업의 경쟁력을 회복시키기 위해 수익성이나 성장성이 낮은 사업을 축소하거나 철수, 중복사업의 통폐합, M&A를 통한 업종전환 나아가 공장재편, 인원감축 등을 위한 수단으로 이해되고 있다.

이러한 기업의 변신전략과 함께 기업들의 실적이 악화되고 시장의 성장이 둔화되는 상황에서 사업을 접어야 할지, 아니면 새로운 사업으로 전환해야 할지에 대해서 고민하지 않을 수 없다. 특히 기업이 더 이상 현상을 유지하기 어려울 때, 기업은 사업축소 전략을 선택할 수밖에 없다. 주로 다운사이징이라는 개념으로 거론되는 사업축소 전략은 다양한 측면에서 접근할 수 있다. 일반적으로 사업축소 전략은 크게 우회전략(turnaround strategy)과 퇴출전략(exit strategy)의 유형으로 구분할 수 있다.

[기업의 우회전략]

우회전략이란 재무적인 상황이 안 좋은 기업이 내적인 능률의 증대에 초점을 두고 사업을 축소하는 것을 말한다. 이것은 기업이 속한 산업은 여전히 매력적이고 기업에 다소 문제가 있으나 아직은 심각하지 않을 때, 주로 사용하는 전략이다. 이러한 우회전략은 복수사업 포트폴리오의 축소나 전환을 가져오는 사업구조의 변화이며 대체적으로 다음과 같은 두 단계를 거쳐서 진행된다.

- 단축(contraction): 사업규모의 축소를 통해서 불필요한 비용을 최대한 절감한다.
- 강화(consolidation): 현재 부실한 기업의 상태를 안정화되도록 노력한다.

이 같은 우회전략의 기본적인 목적은 현재의 어려운 상황을 단기간에 극복하기 위한 것이며, 외부상황이 호전되거나 긴축재정을 통해서 기업이 어느 정도 안정화의 상태에 도달하면, 새로운 사업포트폴리오 전략으로 업종을 전환하거나 경쟁력을 강화하는 데 있다. 이것은 결국 사업포트폴리오의 변화를 가져오며, 리스트럭처링 및 업종의 전환과 연결되어 있다. 따라서 다각화된 기업의 경우 이러한 우회전략 및 구조조정의 결과는 대부분 초기의 핵심사업으로 되돌아가게 하거나, 이전의 사업구조와 상당히 다른 새로운 사업구조의 모습을 갖추게 한다.

[기업의 퇴출전략]

퇴출전략은 기업 또는 사업을 포기하는 것을 의미한다. 이것은 기업의 외적인 확대를 의미하는 인수합병과 반대되는 개념인 매각(divestment), 즉 자산을 매각하거나 모든 활동을 완전히 정지함으로써 궁극적으로 기업활동을 끝내는 청산(liquidation)을 뜻한다. 이러한 퇴출전략은 청산의 전 단계로서 사업을 그대로 유지는 하되, 더 이상의 투자를 멈춤으로써 단기적인 현금흐름을 극대화하는 투자회수(divestment) 혹은 추수전략(harvest strategy)을 함께 포함하고 있다. 퇴출전략을 선택하게 되는 주된 배경에는 기업이 속한 산업이 매력적이지 못하고 경쟁지위도 취약해서 우회전략으로 당면한 문제를 해결할 수 없기 때문이다. 그 밖에도 그동안 기업의 축소전략이 성공적이지 못했거나 퇴출 이외의 방법이 없을 때, 또는 기업의 손실을 극소화하는 유일한 방법일 때, 퇴출전략을 주로 선택하게 된다.

참고문헌

권구혁 외, 전략경영과 경쟁우위, 시그마프레스, 2006.

김언수, TOP을 위한 전략경영 2.7, 박영사, 2007.

김언수 · 김봉선, TOP을 위한 전략경영 4.0, 피앤씨미디어, 2014.

류진국, 무한경쟁 VS 경쟁전략, 국제기업전략연구소, 1995.

박광래, 경영전략, 한올, 2015.

방호열 · 김민숙, 전략경영, 문우사, 2014.

손현덕 외, 핵심경영전략 40가지, 매일경제신문사, 1997.

신형덕, 전략경영과 경쟁우위, 시그마프레스, 2015.

이성호 외, 기업과 경영, 법문사, 1998.

이장우, 경영전략론, 법문사, 1998.

이학종, 무한계시대의 전략경영, 박영사, 1997.

이한검, 경영정책 · 전략론, 형설출판사, 2001.

장세진, 경영전략, 박영사, 2016.

장세진, 글로벌 경쟁시대의 경영전략, 박영사, 2007.

조동선, 전략경영, 서울경제경영, 2013.

조동성 외, 경쟁전략의 이해와 실천방법(상, 하), 1995.

지호준 외, 21세기 경영학, 집현재, 2012.

황명수 외, 하버드 비즈니스 스쿨에서 가르치는 MBA 경영전략 125가지, YMB Si-sa, 2002.

Abell, D.F., Defining Business: The Starting Point of Strategic Management, Prentice-Hall, 1980.

Adam, M.B. & Barry, J.N., Competition, New York, 1996.

Andrews, K.R., The Concept of Corporate Strategy, Irwin, 1980.

Ansoff, H.I., Corporate Strategy, London : Penguin, 1985.

Barney, J.B., Gaining and Sustaining Competitive Advantage, Addison-Wesley, 1997.

Bartol, K.M. & Martin, D.C., Management, New York : McGraw-Hill, 1994.

Boone, L.E. & Kurtz, D.L., Management, New York : McGraw-Hill, 1992.

Boseman, G. & Phatak, A., Strategic Management, Wiley & Sons, 1989.

Byars, L.L., Strategic Management: Formulation and Implementation, Harper Collins, 1991.

Chandler, A.D., Strategy and Structure, Cambridge : MIT Press, 1962.

Christensen, C.R., Policy Formulation and Administration: A Casebook of Top-Management Problems in Business, Irwin, 1976.

Daft, R.L., Management, Dryden Press, 1994.

Davis, K. & Filly, A.C., Principles of Management, Alexander Hamilton Institute, 1979.

Glueck, W.F., Business Policy: Startegy Formation and Management Action, New York : McGraw-Hill, 1976.

Grennley, G.E., Strategic Management, Prentice-Hill, 1989.

Hamel, G. & Prahalad, C.K., Strategic Intent, Harvard Business Review, 1989.

Hamel, G. & Prahalad, C.K., Competing for the Future, Boston : Harvard University Press, 1994.

Hax, A.C. & Majluf, N.S., The Strategy Concept and Process, Prentice-Hall, 1991.

Higgins, J.M., Organizational Policy and Strategic Management, Dryden, 1983.

Hill, C.W. & Jones, G.R., Strategic Management, South-Western, Cengage Learning, 1992.

Hodgetts, R.M. & Kuratko, D.F., Management, Harcourt, 1991.

Hofer, C.W., Policy as an Academic Discipline: Its Curricula Needs, Academy of Management Proceedings, Aug., 1975.

Holt, D.H., Management, Prentice-Hall, 1993.

Jauch, L.R. & Glueck, W.F., Business Policy and Strategic Management, New York : McGraw-Hill, 1984.

Kretner, K., Management, New York : Houghton Mifflin, 1992.

M.E. Porter, Competitive Strategy: Techniques for Analyzing Industries and Competitors, New York : Free Press, 1980.

Massie, J.L. & Douglas, J., Managing, Prentice-Hall, 1992.

Mintzberg, H., The Strategy Concept Ⅱ: Another Look at Why Organizations Need Strategies, California Management Review, Fall, 1987.

Mooney, J.D. & Reiley, A.C., Onward Industry: The Principles of Organization and Their Significance to Modern Industry, Harper & Row, 1931.

Ohmae, K., The Mind of the Strategist, New York : McGraw-Hill, 1982.

Pearce J.A. & Robinson, R.B., Management, New York : McGraw-Hill, 1989.

Pearce, J.A. & Robinson, R.B., Formulation, Implementation, and Control of Competitive Strategy, Irwin, 1991.

Pearce, J.A. & Robinson, R.R., Strategic Management, Irwin : Practice-Hall, 1991.

Pearce, J.A., An Executive-Level Perspective on the Strategic Management, California Management Review, Spring, 1982.

Quinn, J.B., Strategies for Change in H. Mintzberg & J.B. Quinn, The Strategy Process, Prentice-Hall, 1991.

Rowe, B.V. et als., Strategic Management, Addison-Wesley, 1989.

Rue, L.W. & Byars, L.L., Human Resource Management, New York : McGraw-Hill, 1992.

Schendel, D.E. & Hofer, C.W, Strategic Management: A New View of Business Policy and Planning, Little, Brown, 1979.

Schendel, D.E. & Hofer, C.W., Strategic Management, Boston, 1979.

Scott, W.R., Organizations: Rational, Natural and Open System, Prentice-Hall, 1981.

Selznick, P., TVA and the Grass Roots, Berkely California : University of California Press, 1953.

Smith, G.D. et als., Business Strategy and Policy, Houghton-Mifflin, 1991.

Thomson, A.A. & Strickland, A.J., Strategy Formulation and Implementation, Irwin, 1992.

Weber, M., The Theory of Social and Economic Organization, New York : Free Press, 1947.

저자소개

이학희(李鶴熙)

독일 바이로이트(Bayreuth)대학교 경영학과를 졸업하고 동 대학원에서 경영학 박사학위를 취득하였으며, 한화경제연구원 선임연구원, 부산테크노파크 운영위원, 부산지방고용노동청 자문위원, 영산대학교 창업보육센터장, 지역발전연구원장, 평생교육원장, 산학협력단장, 기획처장, 총장특보 등을 역임하였다.

주요 저서로 창업절차와 성공사례(2012), 조직설계와 관리(2017), 경영전략의 계획과 관리(2017), 기업경영 리더십(2019) 등이 있다.

현재, 영산대학교 호텔관광대학 호텔경영전공 교수로 재직 중이다.

저자와의
합의하에
인지첩부
생략

기업경영전략

2020년 2월 20일 초판 1쇄 인쇄
2020년 2월 25일 초판 1쇄 발행

지은이 이학희
펴낸이 진욱상
펴낸곳 (주)백산출판사
교 정 성인숙
본문디자인 강정자
표지디자인 오정은

등 록 2017년 5월 29일 제406-2017-000058호
주 소 경기도 파주시 회동길 370(백산빌딩 3층)
전 화 02-914-1621(代)
팩 스 031-955-9911
이메일 edit@ibaeksan.kr
홈페이지 www.ibaeksan.kr

ISBN 979-11-90323-99-4 93320
값 18,000원